ビジネスマンが家族を守るとき

佐々木常夫

Sasaki Pocket Series

WAVE出版

ビジネスマンが家族を守るとき

はじめに

神様は私に試練を与えたというか、ちょっといたずらをされたようだ。

私の長男の俊介は自閉症という障害を持って生まれ、しばしば彼が引き起こす問題に私は幾度となく学校へ行かねばならなかった。

そして、ひどいいじめにあって苦しんだ学校をなんとか卒業した後も、ずっとそばにいてサポートしてきたが、四十歳をすぎた今でも彼は落ち着く場所を見出せずにいる。

また、妻の浩子は、肝硬変のため何度も入院を余儀なくされ、妻としての役目を果たしていないという自分への責めや、障害のある俊介のことなどが原因でうつ病を併発してしまい、苦悩の日々の中、入退院は四十回を超え、三度の自殺未遂まで引き起こした。

一方、会社ではまるで私の力を試すかのように、さまざまな部署への転勤が繰り返され、東京と大阪を六度も異動した。

そのため浩子はいつも不安定な生活を余儀なくされ、一度は本当に最悪の事態になるのではないかという場面もあったが、奇跡的に命をつなぎとめることができた。

私は長い間、これらのことは内密にして、自分と家族だけで闘ってきた。

だが、妻が最初の自殺未遂をした時に、万一のことを考えて会社の周りの人たちに家庭の深刻さを話さざるを得なくなり、その頃から、私は自分の家族のことをオープンにすることに躊躇しなくなっていた。

世の中に重い荷を負っている人たちは数多くいるわけだし、それは決して恥ずかしいことでも、負い目を感じることでもないと考えたからである。いま思えば当然すぎることだが、当初、それは勇気のいることであった。

しかし、私の家族のことを知った人たちが私の行動を理解したり、支援してくれたりというプラスはあっても、マイナスになることはほとんどなかった。

そして、私は縁あって本書の初版を上梓し、我が家の歴史を公にした。

その後、『働く君に贈る25の言葉』などの書籍が思いもよらず多くの読者に受け入れられた。全国の自治体、企業などから講演依頼が寄せられるようになり、私は数多くの方々に私の人生について語る機会を得ることになった。

それは、驚きの連続であった。なぜなら、実に多くの人々から、「実は私の娘がうつ病で」「息子がダウン症で」などと打ち明けられたからだ。障害や病気の方だけではなかった。人は誰しも、それぞれの重荷を背負い、悩みを抱えていた。

多くの重荷を背負った人たちにとってつらいことのひとつは、その悩みをもっていくところがなく、悩みを共有できる人が少ないということではないだろうか。

人間は他の人にもわかってもらえた、あるいはそういう仲間がいると知っただけでもつらさの半分は解消されるのではないかと思う。

それは、妻も同じであったかもしれない。私がのちのち社長業を手がけるようになって、彼女としっかり向き合う時間を確保できるようになってから徐々に快方に向かった。いたずらをされた神様の気が変わったのであろうか。

いや、もしかすると、神様は「試練」という名の恵みを私たちに与えてくださったのかもしれない。ここ数年、私はそんなふうに考えるようになった。

なぜなら、自らの人生を振り返るなかで、私は実に多くのことを学ぶことができたからだ。そして、それが私を成長させ、「本当の幸せ」をもたらしてくれたからだ。

私の話を聞いて、よくそんな大変な生活を乗り切ってきたものだと感心する方もいるが、私はそうは思わない。人の不幸の程度は体重や血圧のように測定することはできないし、他人から見たら小さな不幸であっても、その人にとっては大変な重荷であることもあろうし、私の不幸もそれなりの重荷だったのだと考えている。

むしろ、人は重荷を背負うことから「人生の意味」をつかみ取るのではないかという気がする。

私の歩んできた道程が、私に似た境遇にある方のみならず、普通に、そしてまじめに頑張って生きている方々の力になることがあれば、これ以上の喜びはない。

佐々木 常夫

ビジネスマンが家族を守るとき　目次

はじめに　2
プロローグ　何のための人生か……　8
第1章　運命を引き受けるには何が必要か？　13
第2章　困難を乗り越えるには何が必要か？　31
第3章　多忙に流されないためには？　53
第4章　ひとりでがんばらないためには？　71
第5章　いったい父親は何をしているのか？　87
第6章　家族の一大事に仕事はどうしたらいいのか？　105

第7章　終わりなき、家族問題　129
第8章　生きていてよかった　139
第9章　家族が再び息を吹きかえすには？　161
第10章　人は変わることはできるのか？　171
第11章　「人には言えない」社会でいいのか？　185
エピローグ　幸福は家族が導いてくれるもの　200

プロローグ　何のための人生か……

昔の日記の中から満身創痍《まんしんそうい》だった数日を拾ってみた。

一九九三年五月二十日

浩子は今日も夕食の支度をすませると、避難キャンプのような近くのアパートに帰ったようだ。このところ、俊介の状態が良くない日が続いている。俊介は、私に反抗することはないが、浩子の言うことはなかなか聞かず、力任せにあたることもあり、浩子はかなり参ってしまっているようだ。

俊介の幻聴は確か高校三年の時からだが、先夜は幻聴のせいで飛び出して行き、ご近所に迷惑をかけてしまった。周りの人たちとコミュニケーションがうまくとれないとはいえ、それまではおとなしい性格だったのに、なぜこうなってしまったのだろうか。年齢的に多感な時期のせいだろうか。
もし、俊介の状態がさらに悪くなるようであれば、精神科への入院を具体的に考えなければならない。クリニックの内山先生やワークアシストの西尾さんとも、またいろいろ相談させてもらうことになりそうだ。

一九九六年六月九日
大阪の繊維企画管理部への辞令が出た。今度は部長だ。三十七歳で繊維企画部の統括課長となって、自分流の仕事の進め方を広げていった時のことが思い出される。あの頃からの仲間たちも、まだ少なからずいるだろう。仕事についてはさほど心配はないが、やはり気がかりなのは家のことだ。
俊介はようやく少し安定してきたが、まだ浩子に任せておける状況ではない。
今回は単身赴任するしかないので、週末は必ず家に戻って家族との時間を作ろうと思う。金曜、仕事を終えたらすぐ新幹線に乗れば、十時頃には保土ヶ谷の家に帰れるだろう。その夜は俊介も仲町台アパートから戻るから、皆で過ごせる。日曜の夕方、俊介と一緒にアパートへ行き、ひと晩話につきあって、月曜の朝一番の新幹線に乗ればよいのだ。
新幹線の中も貴重な仕事の時間になりそうだ。

一九九七年九月二十日
とうとう浩子が、手紙を残し、出て行ってしまった。単身赴任から戻って以来、どうも話がかみ合わなかったが、ここまでの気持ちでいたとは思わなかった。もともと性格の違う二人だが、お互いを認め、気遣って仲良くやってきたはずだったのに、いつのまにこれほど溝が広がってしまったのだろうか。
私がよかれと思ってしていることが、かえってつらい気持ちにさせてしまっていたことになる。一生懸命サポートしているつもりが、苦しめていたとは情けない。外から見た日々の生活は変わらずとも、心の内は常に変化している。

二〇〇一年二月八日
今日は、心臓が縮みあがった。浩子が自殺未遂を起こしてしまったのだ。

「今、包丁を持っている。これでお腹を切って死にたい」との電話であわてて会社を飛び出し、家に着いてベッドの上で血を流している浩子を見た時は、冷静な私も気が動転してしまった。

即座に一一九番し、ほどなく救急車が来て東京医大に入院した。いくつも傷はあったが、幸い、ためらい傷程度ですんで、本当によかった。

連日、会社に電話をしてきていたが、よほど苦しんでいたのだろうか。

しかし、包丁を持ちながら「死にたい」と訴えてくるというのは、本当は「生きたい」ということではないのか。浩子には、何とか生きる意欲を取り戻してほしい。きまじめで若干融通《ゆうずう》のきかないところはあるが、もともとあのお嬢さんぽい天真爛漫《てんしんらんまん》さが本来の浩子のはずだ。きっと、元のおしゃれで明るい浩子に戻れる日が来る。私や子供たちのためにも、何より自分のために絶対にこんなことをしてはいけないのだ。

しかし、この後、日ならずして、さらに深刻な事態が勃発《ぼっぱつ》することになる。

命の瀬戸際《せとぎわ》をふらふらとさまよっていた浩子は、遂にさらに思い切った行動に出てしまったのだ。幸い娘の美穂子に発見され七時間に及ぶ手術の結果、一命はとりとめたが、その夜私は、深い絶望の底に落ちていた。

何のために、結婚したのか。
どうして、こんなことになってしまったのか。

私の人生はどうなっているんだ……。

第1章

運命を引き受けるには何が必要か？

いつも笑顔を絶やさずに

一九四四年十月、私は佐々木健三郎と勝枝の男ばかり四人兄弟の次男として、秋田市に生まれた。幼い頃は、近所の友達や兄弟とともに近くの金照寺山《きんしょうじやま》にきのこを採りに行ったり、雄物川《おものがわ》に魚を獲りに行ったりと、いわば自然とのふれあいの中で育った。

父は秋田で指折りの商家の次男坊として生まれ、恵まれた半生を過ごした。結婚した時はその一帯の家約十軒を親から譲り受け、その家賃収入と銀行員としての収入もあり、生活には全く心配のない環境であった。しかし、結核を患いペニシリンなどの薬代や入院費に多額の出費を余儀なくされ、持ち家を一軒ずつ手放さざるを得なくなり、三十一歳でこの世を去った時には、我が家の資産は自分たちの住んでいる家のみという状態であった。

小さな男の子四人を抱えて二十六歳で未亡人となった母は、働きに出るようになる。私が六歳、小学校一年生の時である。母は手に特別な職があるわけではなかったので、結局、父の兄の経営する雑貨卸主商の店員となった。午前中は秋田駅前の支店（といっても母一人だが）に、午後からはまた別なところにある本店で仕事をする。朝は私たちがまだ起きだす前に家を出て、夜は十時過ぎまで働き、一年で休める日はお正月とお盆くらいのものだった。まさに働きづめだったが、私は母の暗い顔をみたことがない。愚痴も言わず、いつもニコニコ笑っていた。つらいことがあっても、「運命を引き受けよう」とほほえむのだった。元来身体が丈夫だったし、子供たちを育てねば、という強い使命感で乗り切ったようだ。

秋田駅前の支店は自宅近くだったため、母はいつも、昼に一度家に帰ってきて私たちの夕食を作り、それからまた出かけていった。私は、その時間に間に合うようにと急いで学校から帰り、普段は忙しくてなかなか会えない母と、いろいろな話をするのが楽しみだった。その時に母が話してくれたことは、今でもよく覚えている。

「世のため人のために尽くす人になりなさい」「人を傷つけてはなりません」「嘘をついてはいけません」。母は、これらの教えを自らの言動でも貫きとおした。その姿を間近にみて育った私にとって、それは人生観そのものと言ってもいい。

母とともに過ごした時間は短かったが、その愛情は私たちにしっかりと伝わっていた。

小学校や中学校の授業参観日や父兄懇談会には、なかなか出席できなかったが、たまになんとか時間を作って顔を出してくれた。他の父兄はきちんと正装してくるのだが、母は職場の仕事着で自転車に乗って学校へ現れる。でも、そこに母の子供の教育への強い関心と愛情を感じ、私はたいそううれしかったものだ。

このような状態で女一人での子育ては到底不可能であったから、母の故郷の象潟町《さきかたまち》（山形県との県境の町で現在はにかほ市）から当時高校を出たばかりの芙美子さんという人が家に来てくれた。私たち兄弟は「芙美子姉さん」と呼んで、毎日母親がいないような生活の中で母親か姉のように慕った。芙美子姉さんの献身的サポートがなければ私たち兄弟の今日はなかったし、その優しい人柄は私たちの人格形成に大きな影響を与えた。私が小学六年生の時、芙美子姉さんは象潟にお嫁に行ってしまうが、その時の別れのつらさは今でもまざまざと記憶の中にある。

芙美子姉さんと母は大変な信頼関係で結ばれており、母は誠実な芙美子姉さんを頼りにしていたし、芙美子姉さんは母のことを尊敬し、自分の子供たちの教育については、母の考え方をよく取り入れていたようだ。

ところで、私の兄は二歳上、弟は二歳下の双子なので、五年の間にできた男ばかりの四人兄弟である。父は上の二人が男だったため、次はぜひ女の子をと大いに期待しその名前まで用意して待っていたのに、女の子どころか二人も男の子が生まれてきて、あきれ返ってヤケ酒を飲んだという。兄弟の中では私だけが身体も小さく病弱で、風邪はひく、腹痛は起こす、ジンマシンは出る、冬になるとシモヤケに悩まされるという具合で、周りにはあまり長生きしないのではないかと言われていた。性格も比較的おとなしく、自分の考えを積極的に話すタイプではなかった。どちらかというと、気後れのする子供だったようだ。

兄弟仲は良く、特に兄とは喧嘩もしたが、何でも話をしたし、私がいじめられたりするとすぐに助けに来てくれる頼もしい存在であった。私はいつも誰とでも仲良くなるというDNAを親からもらったようで、クラスの友達のほとんどと仲良しで、学校生活はおおむね楽しく送ることができた。面倒見がいいこともあって、小学校時代は特に勉強ができたわけではないのに、毎学年投票でクラスの委員長に選ばれていた。

中学校は、私にとって特別楽しい時期だった。バレーボール部に入り、放課後遅くまで練習に明け暮れた。当時は九人制だったので、身体の小さい私でもハーフセンターのポジションを得、三年の時はキャプテンをすることになった。二年の秋、秋田市の新人戦で優勝し、三年の夏の本大会での優勝をめざし毎日夜まで猛練習したが、惜しくも準決勝で負けてしまって、試合後本当に悔しくて号泣した記憶がある。

また、私の中学校では、一年生から三年生まで全員で年五回十キロを走るマラソン大会が恒例行事となっていた。足に自信のある私は三年生の時には、だいたい三番以内に入賞していた。そういえば、ある暑い夏の日、今回こそは絶対一位になろうと自分の実力も省みずトップに躍り出たのはよかったが、ゴール前二百メートルの地点で気を失い、保健室に担ぎ込まれるという失態を演じてしまったこともある。

ともあれ、私は恵まれた小中学校時代を過ごしたといえるだろう。秋田大学の付属小中学校とほぼ一貫教育であったし、三クラス百三十人程度なので、ほとんどの同級生がその家庭環境から性格までお互いに理解していた。先生のレベルも高く、自由な校風であった。ときどき開かれる同窓会は本当に懐かしく楽しい集まりである。

厳しい姿勢が信頼につながる

私の母は歴史や文学に造詣が深く、父が一目で結婚を決意したほどの器量も持つ女性であった。特に短歌については特別な才能があり、そういった雑誌に投稿し、しばしば入選していた。子供の教育のためということで、河出書房の世界文学全集や日本文学全集を毎月一冊ずつ買い集め私たちに読ませようとした。

わりあい素直だった私はそれを順番に読み、母に勧められるままトルストイや夏目漱石、志賀直哉などを読んだが、あとで考えてみると、そのようなことはあまり役に立たなかったようにも思う。小学生や中学生が『戦争と平和』や『アンナ・カレーニナ』など読んでも面白いはずがない。その子供の年齢に見合った本を読むべきだと思う。そういった意味では、高校の頃に母に勧められて読んだ、吉川英治の『新平家物語』『宮本武蔵』『三国志』、山岡荘八の『徳川家康』などは、登場人物の家系図を作りながら夢中で読んだものだった。

母は父がいない分、子供に対する思い入れも強く躾《しつけ》も厳しかった。大変倫理観が強く、他人への挨拶などの礼儀にはうるさかったし、何よりも嘘を嫌った。

忘れられないエピソードがある。小学生低学年の頃、果物店においしそうなりんごが並んでいたのだが、お店の人がいないのをいいことに一個とって食べてしまったことがある。ところが、りんごを食べているところを母に見つかってしまったのだ。母は、私をそのお店まで連れて行き、泣き叫ぶ私の襟首《えりくび》を押さえつけて謝らせた。

その帰り道、近くの学校のプールのそばで、「今度、黙って人のものをとるようなことをしたら、このプールに入れるからね」と言う。そのプールで五ヵ月前、隣の家の男の子が過って転落死したばかりのことだったから、私は震えあがって、二度と人のものを盗るようなことはしないと心に誓ったものだ。

そのような母を、私たち四人の子供は大変尊敬しており、また母親思いでもあるが、その思いの強さが後々兄弟の軋轢《あつれき》にまで発展してしまったこともある。

ただ、私の場合、他の兄弟とは違った視点で母を見ていたような気がする。

私は高校生の頃から、母を母親というより一人の女性としてとらえていたし、母は私のそういった視線を感じ取っていたのか、私が大学生の頃からは帰郷すると待ちかねたようにさまざまな話をしてきた。自分の昔のこと、仕事のこと、友人のこと、果ては昔の恋人の話までする。その人からもらった手紙や自分が作った恋の歌まで見せる。四十六歳で縁あって他の男性と結婚するが、その時には不安や期待を切々と私に訴えた。私は母に、まるで嫁入り前の娘のような感覚を覚えたものだ。

このような、自分の肉親をやや客観的にとらえる癖は、自分の母親だけでなく他の兄弟や自分の子供たちにも当てはまるし、逆に信頼できる他人を自分の肉親と同じように近く感じたりするといった傾向が私にはある。

兄が高校二年生の時、四人の兄弟を集めておごそかに宣言した。

「今から全国配置を決める。俺は北海道が好きだから北大へ行く。常夫は東大、崇は京大、豊は東北大とする」

私の父方の兄弟は五人とも皆成績が良く、その子供たち、つまり私の従兄弟もだいたい優秀で、特に長兄のところの従兄は三人のうち二人も東大へ入学していた。自然に親戚の間でやや対抗意識めいた雰囲気ができていたようだ。結果的には双子の弟は幼稚園・小学校・中学校・高校と同じ学校だったこともあり、やはり同じ大学へ行きたいということで東北大に入学した。

私は県立秋田高校に進んだが、三年の後半から少し身体を悪くしたことと、もともとそれほど優秀でもなかったため、二年遅れて弟二人と一緒に入学、つまり三人が同じ年に大学生になり、兄も入れて四人兄弟がすべて国立の大学生となった。

東北の秋田では珍しいことのようで、母の苦労話とともに地方新聞の三面トップ記事となった。母にとっては苦労のしがいがあったようで、秋田での一人暮らしも四人の子供たちに順番に手紙を書くなど、結構充実していたようだ。

優劣は正しいやり方が決定打

受験勉強に集中すべき時期に体調不良になったこともあり、浪人生活を送ることになった。東大受験に失敗した二年目の夏に上京し、東大合格者千人以上を誇る駿台予備校の編入試験を受けた。簡単に入学できると思っていたら、編入可能枠はたったの七人。受験者が四百人というのだから恐れ入る。なんとかその枠に滑り込んだら、文科系ＡＢＣＤの四クラスはすべて成績順で、私はDクラスの生徒証番号が九九三番。二百五十人収容の教室の一番後ろの机で、先生の顔がボンヤリ見えるという有様。これはえらいところに来たと思い、田舎学生は必死の思いで勉強した。

そんな私の苦境を救ったのは、数学だ。変な話だが、私は文科系なのに（他の兄弟三人は全員理科系）数学が好きである。苦手な英語や化学の勉強に疲れると、数学の問題を解いて気分転換をしていた。英語や社会は正解しても点数はあまり大きく稼げないが、数学は一問解くと二十点か二十五点になる。駿台予備校での数学はいつも三番以内に入った。

二学期が終わる時には、全体の総合成績は四番になっていた。残念ながら授業料免除となる特待生の三番までには入らなかったが、D組の末席から一挙にA組の最前列に。入学試験は、英語や国語の成績が悪かったのに、得意の数学と物理がほぼ満点だったので、なんとか東大に合格できた。この数学の力が会社へ入ってから大いに役立つことになる。

大学四年間を、私は一度も家からの仕送りを受けずに過ごした。

大学生四人を抱えた母親に金銭的負担をかけさせたくなかったからである。週に三日か四日ほど家庭教師のアルバイトをし、その上奨学金ももらっていたからなんとかやりくりできた。私が家庭教師をした子供たちの成績がよく伸びたので、評判を聞きつけた親御さんから頼まれるケースが多く、相場の二倍くらいの月謝をもらえたのにも助けられた。

家庭教師といえば、最初に数学の苦手な高校生を教えた時のことを思い出す。

私は数学の解き方にはいくつかのパターンがあり、どのパターンを使えばいいのかを選ぶことが正解への近道であると考えていた。したがって、数学はパターンを覚える暗記科目だと思っている。その高校生に対しても、中学一年の教科書から順番に復習させ、解答のパターンを教えていった。中学一年の教科書は当然ながら一ヵ月もかけずにマスター、次いで中学二年、これも一ヵ月強で済んだ。中学三年は約二ヵ月、高校一年も約二ヵ月、そして高校二年生の教科書へ。彼も数学の解答のパターンを覚える面白さにはまっていき、半年ちょっとでクラスのトップになってしまった。その自信が英語、国語にも伝播《でんぱ》し、最後は本人も両親も思ってもみなかった慶應義塾大学にストレートで合格できた。

彼の数学の成績が悪かったのは数学の能力がなかったからではない。勉強のやり方と教え方が不適切だったのだ。この経験によって私は、何事も優劣を決めるのは「能力の差」というよりも「正しいやり方をしているかどうか」であることに気づいた。正しいやり方を身につければ、少しくらいの能力の差は克服することができるのだ。

彼の両親はたいそう喜び、私に「好きなものをなんでも買ってあげる」と言う。「それでは広辞苑を」と言ったら、「そんなものでいいのか、車でもどうだ」と言われ、驚いた記憶がある。結局広辞苑と時計をいただいてしまった。その家族とは社会人になってからも長い間家族同様のおつきあいをさせていただいている。

数学が好きなことと関係があるかどうかわからないが、私は推理小説がとても好きで、松本清張、森村誠一、アガサ・クリスティー、エラリー・クイーンなどを読みあさった。優れた推理小説は、途中に必ず犯人を特定できるヒントが挿入されている。推理小説にもパターンがいくつかあり、それに気がつけば答えがわかる。本の途中で読むのを中断し、誰が犯人かを推理する楽しみは何ものにもかえがたい。

異常事態は予測不可能

駒場の教養学部を終え、三年から本郷の経済学部へと進級した。寮も池袋の近くの豊島寮に移った。私のルームメートは法学部の四年生。司法試験を目指している勉強家だった。彼の影響と、経済学の面白さにも惹《ひ》かれて、私は毎日最前列で講義を聴講し、講義の後は図書館で、土日は寮の近くの喫茶店で勉強する習慣が続いた。

ところが四年に進んだ直後の一九六八年五月、医学部の紛争がきっかけで、大学側が構内に機動隊を入れたことに反発した全共闘の学生が大学封鎖の挙に出たことで、すべての講義が中断される事態に陥った。

一九六九年一月、全共闘の横暴さに業をにやした私たち経済学部の一般学生は、学生運動家を排除し、一般学生と大学側の話し合いの場を求めることによって大学の再開を図ろうとした。その準備のため経済学部内で一般学生の集会を開いていた夕方、都内から集結した全共闘五千人が鉄パイプなどで私たちに襲いかかった。全共闘の攻撃は常軌《じょうき》を逸しており、バリケードを築いていた入口に乱入してきて投石を始める。一般学生がバタバタと倒れはじめるなか、命からがら逃げ出した。私たちはすぐ近くで様子を見ていた加藤一郎総長代行に「これ以上放置したら死人が出る」と言って、機動隊の導入を求めた。そして機動隊六千人が加藤総長代行の要請でどっと構内に突入し、封鎖を解除したのである。

翌々日全学集会が開催され、その最前列に座っていた私はＮＨＫテレビに映し出され、秋田の母親からその夜「学生運動をするために大学にやったのではない」と叱責《しっせき》された。

一月十八日、十九日の、世に言う「安田砦の攻防戦」で、東大紛争は幕を閉じた。

今から思うと、きっかけは大学の古い悪しき運営体制にあったことは認めても、だからといって一年も大学の授業を妨害し、東大百年の歴史の中で初めて入学試験ができなくなるという異常事態にまで追い込んだことは、無謀《むぼう》で無益な行動だと言わねばならない。

その後、二月末から五月末まで、一年分の講義の遅れを取り戻すべく早朝から夕方まで集中講義がなされ、私たちの卒業は六月になってしまった。

混乱を回避するために卒業式も中止となった。卒業証書授与の日、私は入社が決まっていた東レから呼び出しを受けていたため、友人と二人で朝一番に大学事務所に卒業証書を取りに行った。事務部長はしげしげと卒業証書を眺めながら、「東大百年の歴史の中で、首席じゃない人に一番最初に証書を渡すのは初めてだ」と言いつつ、最初に私にうやうやしく渡してくれた。そのことを東レの人事部の担当に話したら、人事部長は社長に「今年は東大の一番と二番を採用しました」と報告したという。

卒業した後、母から勇気づけられる手紙をもらった。

常夫さん、大学卒業おめでとうございます。今回の東大紛争でどうなることかとヒヤヒヤしていましたが、何とか卒業できたのでほっとしています。子供たち四人の卒業式は皆出たいと思っていたのに結局出られませんでした。貴方の卒業式はどうしても出てみたいと思っていましたが、東大は今年は卒業式もないとのこと。

思えば、この十数年間、子供たち四人を育て上げるのに夢中でした。母親として教育や躾も何一つできず、ただ朝から晩まで働き続けた生活でしたが、今から思うと幸せな日々でした。皆きちんとした社会人になってくれそうで、本当にうれしいことです。

貴方は小さい時から病弱で、よく風邪をひき、よく腹痛を起こし、私に心配をかけ続けでした。でも、小学校の中頃からはしっかりして自立心旺盛な子で、いつも私を支えてくれました。

覚えていますか、貴方が小学五年生の時、親戚から三人分の生地《きじ》を頂いて、浴衣を作ろうとした時のことを。子供が四人いて、三人分ですよ。その時貴方は「僕はあまり浴衣が好きでないから、いらない。兄さんと弟の分を作ってよ」と即座に言ったんですよ。他の三人の子はとても喜んでいましたが、あなたが浴衣が好きでない？　そうでないことはわかっていました。その時、私は常夫は特別な子だと思ったの。

貴方は小学四年生から六年生まで、ずっとクラスの委員長にいつも選挙で選ばれましたね。それは貴方の人を思いやる気持ちが、クラスの人たちに伝わっていたからだと私は思っています。中学の卒業式の時、貴方は総代で答辞を読みましたね。普通ならそんな時自慢して親にその報告をするのに、貴方は私に何も言いませんでした。卒業式で貴方が卒業生を代表して答辞を読んでいるのを、仕事の都合で遅れて出席した私は最後まで貴方とは知らず、終わって山田さんから聞いて初めてそのことを知りました。この子はなんという子だろうと私は思い、頼りになる子だとも思いました。

貴方の大学時代、秋田に帰ってくるのが本当に楽しみでした。女学校時代に初恋をした先生のこと、その先生と同窓会で何十年ぶりに会って交わした会話、先生も私のことを好きだったということを聞いて感動した話、次の日先生と一日中あちこちまわって、たった一日に何十首と和歌を作り、それを皆、貴方に見せたこと。

貴方は私をもちろん母親として尊敬もしてくれましたが、その前に一人の女としてとらえてくれていたこと、私には心強い支えでした。
これから社会へ出ても、きっと貴方は大きく育っていくと期待しています。会社へ入っても貴方らしさを失わないでくださいね。体には気をつけて。

母

第2章

困難を乗り越えるには何が必要か？

性格の不一致を超える

私が東レに入社したのは一九六九年六月である。東大紛争のあおりで卒業が遅れたため、同期入社の社員より二ヵ月遅れの入社となった。

四月から六月まで行われていた楽しくかつ贅沢《ぜいたく》な研修期間は終わろうとしていた。そのなか、私は会議室に集められた同期を前に自己紹介をした。居並ぶ同期の気合いの入った面構えを前に武者震《むしゃぶる》いがしたのを覚えている。

わずかばかりの研修を受けた私はすぐに大阪の販売管理部門で働くことになった。

一九六五年の合織不況の後、東レは三年間ほとんど採用を止めるほど業績低迷に苦しんでいた。しかし、私が入社する頃には合織市況も上向き、社内はたいそうな活況を呈していた。

販売管理部では、合織の中でも最も収益性の高いポリエステル系の生産販売業務を担当した。ともかく国内・輸出ともよく売れ、生産が追いつかない製品で、販売からは増量の陳情《ちんじょう》、早期納期の要求など毎日多くの人たちとの対応に追われた。私の四年先輩で上司の戸田さんは営業各部署に玉配分（製品を割り当てること）するという大きな権限を持っていて、皆から「戸田天皇」というニックネームで呼ばれていた。私は会社生活を通じて一貫して多忙なセクションを渡り歩くことになるが、入社早々から残業を繰り返すというそのパターンに入っていた。

高槻市にある東レの独身寮に住むことになったが、一年で西宮の独身寮に移動した。同期入社の個性あふれる仲間たちと京都で遊んだり酒を飲んだり、議論をしたり、公私とも多忙で充実した毎日だった。

私はのどが特別弱い。

季節の変わり目はすぐのどを傷め、会社の保健室に行ってはルゴールを塗ってもらったり、トローチをもらったりということが多かった。

その頃保健室には看護師が二人体制で、看護学校を卒業した浩子は私の入社より半年遅れてそこに入ってきた。

一九六九年の暮、私は会社で高熱を発し保健室に運び込まれた。その後五日間ほど寮で寝込んでしまい、いつも年末年始に出かけていたスキー場もキャンセルし、ひとり寮に残っていた。お正月に彼女がおせち料理を持ってお見舞いに来てくれ、これが縁で浩子とつきあうようになった。

浩子の第一印象は、いつも笑顔の絶えない、いかにもお嬢さん育ちの明るい女性で、毎日違った、それもセンスの良い洋服で会社に来ていた。気立てが良いので、わりあい人気があり、さまざまな人がいろいろ理由をつけては保健室を訪れていたようだ。

一九七〇年、大阪万博が開かれた。自分で作ったお弁当を持ってきた浩子と丸一日、千里の会場で万博見物をし、それ以来頻繁《ひんぱん》に会うようになった。明るく元気な浩子であったが、血液型は典型的なA型。典型的なB型の私とは性格がだいぶ違うことがやや気がかりではあったが、誰とでも仲良くできる自分のことだし、〝まあ、大丈夫だろう〟という気持ちで結婚することにした。

多忙の伝え方

新婚旅行は、せっかく会社の休みを取るのだから、この機会にかねてから行ってみたかったヨーロッパに行くことにした。その頃、会社の中では、海外出張できるのは課長以上であり、担当者が仕事で海外へ行くチャンスはめったにない。それならこの機会に自分で行ってみよう、ともかくあのパリの街を、マッターホルンを、スペインの闘牛を見なくては、という気持ちだった。

だが、国内で式を挙げて海外旅行をするにはお金がかかりすぎる。私はその当時から結婚式の披露宴のような形式的なセレモニーが嫌いだったので、それならいっそパリで式を挙げてそのまま旅行するのが得策と考えた。

当時は新婚旅行で海外という人はいてもせいぜいハワイくらいで、実際私たちが申し込んだヨーロッパパッアーはほとんどが弁護士、医者、経営者というリッチな人ばかりだった。費用は二人で約百二十万円だが、私の給料が四万円程度だったので、今の感覚からいうと六〜七百万円ということになる。日本で結婚式を挙げたらその費用の半分はご祝儀で入るのだろうが、これはすべて私たちの負担となる。入社二年目でそんなお金はないのでローンを組んだ。

このツアーは、乗る飛行機と泊まるホテルは指定されるが、あとは自由行動というスタイルであった。ドゴール空港からバスでパリの街の中に入った時の感動といったらなかった。エッフェル塔、セーヌ川、ノートルダム寺院。写真でしか見たことのなかった風景が目の前に広がる。今でもその時の胸の高鳴りが鮮明に思い出される。

その日、ルーブル美術館のそばにあるデパートの経営者の媒酌《ばいしゃく》で、モンマルトルのサクレクール寺院近くのホテルで式を挙げた。式を挙げてレストランに入ると、そのツアーの人たちと店のお客さんが盛大な拍手で迎えてくれた。シャンパンを抜き、ピアノを弾いて合唱するという大騒ぎ。本当に楽しい結婚披露宴となった。

パリからマドリード、ジュネーブ、ロンドン、ローマと五ヵ国も渡り歩き、それぞれの土地の人と何人も知り合うことができた。自分としては思い出に残るいい企画だったと満足している。

ただ、この旅行中に、同じツアーの中年のおばさんたち二人と仲良くなって、同じテーブルで食事を一緒にしたり話をしたりしたことで、浩子の機嫌を損ね、やや喧嘩状態になったことがある。私が、「僕たちは朝から晩までいつでも一緒なのだから、ちょっとぐらいよその人たちと話してもいいではないか」と言うと、「ここに何のために来ているのよ。新婚旅行なのだからいつも二人きりでいるべきだわ」と言う。「ああ、二人はやっぱり違うんだな」という感じだった。

新居は、思い出の大阪万博の時のホステス用1DKのマンションだった。

最初の頃は電話がなかなかつかなくて、毎晩仕事で遅くなる私の夕食をどうしたらいいのか迷いながら浩子は待っていた。ときどき千里中央の駅まで迎えに来ることがあり、ある時など夜の十時半頃駅を降りると浩子が改札口で待っていた。

「いったいどうしたんだ、こんなところで。何時から待っていたんだ」

「あなたが今日は早く帰ると言ったから七時半から待っていたの」

「それにしたって、三時間も待つことはないじゃないか」

「それでもいいの」

新婚当時、料理に自信のある浩子は二ヵ月間同じ料理を一度も作らなかった。毎日出てくるバラエティあふれる料理には、心底舌を巻いた。

私の仕事の多忙さはその後何年も続き、浩子は私を待つ生活に慣れていったようだ。

不安は何かのメッセージ

長男俊介はいわゆるハネムーンベイビーだった。日に日に大きくなる浩子のお腹を見て、自分はまだ二十七歳でもあり、考えていたよりもなんと早く父親になるのだろう、といささかあきれた気持ちになった。

俊介は難産だった。夕方産気づいてからなかなか生まれない。夜、私は眠くなったので義母に交代してもらい、次の日の朝、もう生まれたかと思って病院へ行ってみるとまだだという。浩子が相当疲労してきたので、昼過ぎに、医者は吸引装置で出産をアシストした。そして、陣痛から一日半が過ぎた一九七二年三月二十五日に俊介は産まれた。三七五〇グラムと比較的大きな子だった。「ふうん、これが自分の子供か」ともの珍しく眺めたことをよく覚えている。

私は「介」という字が好きで、明治維新にもよく登場した「俊介」という名が締まっていて良いと考え、名付けた。俊介は毎日実に健やかに育っていった。親が言うのも変であるが顔も可愛らしく、この子にはきっとすばらしい将来が待っているのではと感じていた。

ところが、しばらくすると俊介がいく分変わっていることに気がつきだした。夜、隣の部屋でひとり静かにしているので、寝ているのかなと思って見てみると起きている。赤ん坊なのに親がいなくても平気なのである。ハイハイをする頃にはミニカーに執着し、いつまでもミニカーを並べて嬉々としていて、いろいろなおもちゃを与えてもあまり関心を示さない。

一歳になってもなかなか立ち歩きができないし、背中におんぶしても私の肩につかまらずに後ろにそれたりする。一歳半になってやっと歩けるようになったが、言葉の発達が遅れていて語彙《ごい》が極端に少ない。

これは何か変だなと不安になり、近くの小児科、市民病院など何人かの医者に診てもらったがよくわからないと言う。その後も俊介の様子があまり変わらないので、三歳の時、近くの小児科の先生の紹介で、大阪小児センターを訪ねてみた。

診断は「自閉症的傾向」というものであった。しかし当時はまだ自閉症なる概念が日本では確立していなかったようで、説明を受けてもよくわからない。

俊介の能力開発のため前田先生というカウンセラーがつくことになり、それから週に三回、大阪小児センターの前田先生のもとに通う日々が約五年間続いた。豊中の自宅から小児センターまでは片道約二時間、カウンセリングの時間を入れて合計六時間を要した。浩子が毎回連れて行ったのだが、その頃にはすでに二人目の男の子と三人目は女の子が生まれていた。

俊介の生まれた翌一九七三年八月九日、次男の「啓介」が予定より二ヵ月早く、早産で生まれた。

その日の朝、浩子はちょっと体調がよくないので病院へ行くと言っていたが、夕方病院から会社に電話がかかってきて、男の子が生まれたと言う。体重は一八六〇グラムで俊介の約半分という未熟児。保育器に入れられやっと呼吸しているのが哀れであった。

しかしその子、啓介は親の負担を最小限にしてくれるかのように、元気だった。二歳ぐらいの頃から、義父が「世の中にこんな可愛い男の子がいるのか」といつも言うほど愛らしく、また素直に育っていった。

そして一九七四年六月十五日、私の生涯の戦友となる女の子が生まれた。私はかねてから女の子だったら稲穂のような美しさを持つ子がいいと思っていたこともあり、「美穂子」と名付けた。

子供は一人か二人という家が多い世の中だというのに、我が家は三人。それもみな年子というのは、やや動物的生態である。何しろ二歳、一歳、ゼロ歳、次の年は三歳、二歳、一歳である。浩子は自転車で、俊介を後ろの荷台に、啓介を前の椅子に、美穂子を背中に背負って毎日買い物に行く。一人が風邪をひくと他の子を家に置いておくわけにもいかず、三人を連れて病院へ行けば、残りの二人が風邪をもらって帰ってくる、という有様。

三人に食事をさせるのも大変だ。新聞紙を敷いた上に子供たちを座らせたベビーカー三台を並べ、ご飯におかずをかけたどんぶりみたいなものをバンバンバンと三個置く。一斉に食べはじめたと思ったら、三人ともボロボロと食べ物をこぼす。終わったら顔についたものを拭いてあげる、という具合。親としては食事を楽しむどころではない。

年子三人はまるで小犬がじゃれあうように育っていった。庭を隔てた隣が義父母の家だったこともあり、その家に上がり込んではお菓子を取ったり、家具にいたずらしたり油断もすきもない。義父母とは月に一回は一緒に夕食を食べたりしていたが、可愛い孫といえども三人があまりにうるさくて、手を焼いていたようだ。

小さい時から山登りに連れて行ったり海水浴に連れて行ったりしたものだが、そんな時も、三人とも走り回るし、ちょっと目を離すと迷子になったりする。とにかく、落ち着いて何かをしたという記憶がない。

トラブルと救いの神はワンセット

一九七六年、多くの不安を抱えながら、俊介を近くの私立幼稚園に入園させた。俊介は集団で歌を歌ったり一緒に遊戯をすることができない。いつも自分一人で遊んでいるし、友達と一緒に通園することもできないので、浩子が毎日連れて行っていた。

担任の女性の先生は、子供たちには何事もきちんとさせる先生で、俊介にはことごとく手を焼いていたようだ。「この子は少し変わったところがあるから、それなりに面倒を見てほしい」と何度もお願いしたが、「俊ちゃんはみんなと一緒にお遊戯も整列もできないのですよ。俊ちゃんだけ特別に世話をすることはできません」と言われた。浩子はこの先生と何度も衝突したようで、結局、わずか三ヵ月で退園となってしまった。この件以来、浩子は学校相手の話は私に任せるようになっていった。

次の年、公立の幼稚園で特別に介護の人がついてくれる刀根山幼稚園に入園した。ここでもさまざまなトラブルはあったものの、上浜先生という心の底から子供を愛してくれる先生に恵まれ、俊介は自分に合った生活ができたようだった。

上浜先生は松江出身のとてもおおらかでいて繊細な気持ちを持った方で、その大きな包容力で俊介に対応してくれた。同じ幼稚園の先生でも人によってこんなにも差があることに違和感を覚えたものだが、いずれにしても俊介にとって上浜先生は救いの神であった。この後、小学校で問題を起こした時も、すでに結婚して幼稚園を辞められていた先生に何度も電話し、ご相談してアドバイスを受けたものだ。

その時先生から、「一度私の家まで来ませんか?」と言われ、浩子と俊介は、松江の先生の家まで訪ねて行って泊めてもらったことがある。そして帰る時、先生から大きなプラモデルをもらってはしゃぎまわったことが、今でも懐かしく思い出される。

一九七八年、俊介は刀根山小学校に入学した。

やはりはじめから集団生活はできず、いつも一人で行動していた。そして、地図・車・国旗・歌などに興味とこだわりを持ちはじめた。

ある時、漢和辞典を手にしていたので「俊ちゃん、何読んでいるの?」と聞くと「字を見ているの」と言う。辞書みたいな面白くもないものを喜んで見ているなんてなんなのだろうと思っていたら、毎日その辞書の漢字を一ページ目から覚えていたらしい。三ヵ月で中学三年までの漢字を覚えてしまった。他にも、日本及び海外の車の名前や、世界の国名、都市名、歴史上の出来事とその年代などもすべて覚える。各国別の人口や、山の高さや川の長さなどは、一桁まで覚えた。

土地勘もある。一度行ったところ、通った道はほとんど頭に入っており、私が迷っても適確に教えてくれる。しかし、何事もスケジュールは前もって言っておかないと納得せず、突然の予定変更にパニックを起こすこともあった。

あとで自閉症の本を読んで知ったが、自閉症者は見たものをあたかも写真で撮ったかのように記憶するという。つまり数字でも2・3・4というのを、私たちは左から2・3・4と覚えるが、自閉症者は右から4・3・2とも覚えるのだそうだ。そういえば、俊介は漢字を書く時に、例えば「時」という字は「寺」を書いてから「日」を書くことが多かった。

また、水が大好きなので、カウンセラーである前田先生のアドバイスでスイミングに通うようになった。時間はかかったが泳ぎをマスターし、何時間でも泳ぎ続けた。

山登りも好きだったので、家族で毎週山登りを始めた。最初の頃は、私が娘を背中に背負って、浩子の手作りの弁当を持って五人で出掛けた。六甲山はあらゆる登山口から登り、自分の家の庭同然となった。この毎週の山登りは中学まで続いた。

一方、学校ではトラブル続きで、私はしばしば学校へ行くことになる。

父兄会にはいつも参加したが、周りは母親ばかり。私がしばしば学校に出向くせいか、学校側は五～六年の時にはしっかりした男の先生を担任としてつけてくれた。

最後は人的パワーと運営力

一九七七年十二月、東レの大手取引先であり、合繊織物の産地である北陸の金沢に本社を置く産元商社、一村産業が経営破綻した。もし倒産ということになれば、負債総額は千五百億円ほどになり、戦後第二番目の規模の倒産になるのではないかと巷間《こうかん》ささやかれた。

侃々諤々《かんかんがくがく》議論をした結果、東レの経営会議は支援の見送りを決定したが、時の通産大臣は万が一の場合、数百社が連鎖倒産となる可能性があり、地域経済に与える影響が甚大であるという理由で関係先に対し支援を要請した。

それを受けて金融支援は五社八行が、経営救済のための人材派遣は東レが主体で行うことになった。当時東レの藤吉社長は、一村産業の社長として赴任する中村晋造取締役を呼んで、「どんな人材を何人でも好きなだけ連れて行ってよいから、なんとしてでもこの会社を再建させろ」とゲキを飛ばしたという。

一九七八年一月十日、東レの営業・技術・経理・人事・管理などのエキスパート十二名が雪がしんしんと降る夕方、一村産業の本社がある金沢に集結し、この困難な再建作業に着手することになった。最年少の私は何もわからず、そこについて行ったのだが、その夜はまるで赤穂浪士の討入りのような気持ちだった。ただ急なことでもあり、私の後任が決まらないままの赴任だった。後から振り返ってみると、この時のメンバーのうち六人が後に東レの取締役に就任している。

当初一年ほどは毎月巨額の赤字を計上し続け、企業体質の脆弱性《ぜいじゃくせい》は目を覆うばかりで、私はなぜこのような会社を東レが支援することになったのか、東レのトップに対する不信感を日々つのらせていった。

月曜日から金曜日まで毎日会社を離れるのは夜十一時か十二時、土日もほとんど出勤。さまざまなことが頭をよぎり、目がさえて寝つけないこともあって、帰宅するとすぐアルコールを飲んだ。そのうち帰るまでの時間と酔うまでの時間がもったいなくなり、会社から帰るタクシーの中で買い込んでおいた酒を飲むという生活を繰り返した。

月月火水木金金、残業時間は二百数十時間という生活が続いたが、並の人間が手を抜かずにそんな長時間労働を続けるのは不可能だと思う。

よく長時間労働が問題になるが、仕事にずっと集中しての長時間労働は無理である。多分そんな人はどこかで手を抜いているのではないだろうか。私の場合は、四ヵ月に一度の割合で突然高熱を出し、二日ほど死んだように眠るということが繰り返された。これを周りの人たちは「佐々木の知恵熱」と呼んでいた。

業務遂行もさることながら、一村産業社員の不満や不安をきちんと聞いて経営に活かさなくてはならない。最初の頃は恐る恐る私に相談をもちかけていた人たちも、そのうち私がその情報の取り扱いに相当神経を使っていることを知って、何でも相談してくれるようになっていった。会社の経営がおかしくなったのは彼らのせいではなく、経営者の無能や失敗によるものであるが、その結果社員は厳しい賃金カットやボーナスの大幅ダウンなど過酷な状況に追いやられている。そこに東レから進駐軍のようなスタッフが来て厳しい注文をつけるのだから、皆やるせない気持ちであっただろう。

彼らと話をするため、夜一杯やりながらということもしたが、薄給である彼らに割り勘というわけにはいかない。すべて自分で支払ったのはいいが、またたくまに預金が減っていく。半年で百万円も減ってしまったので思いあまって上司の志賀さんに相談したら、「何を考えているんだ。会社のために苦労しているのに自分のお金を使うことはない。会社に請求書を回しなさい」と逆に怒られ、ほっとした記憶がある。

一村の社員は東レからの出向者を観察していて、仕事ができるだけではその人についていこうとはしない。その人の性格というか人間性をよく見ていたと思う。私が自腹で飲み代を払っているのを見て、「佐々木さんにはついて行こう、と思った」と後で何人かの社員に言われたことがある。仕事を遂行していくうえでは、他の人たちの共感が必要だということなのだろうか。

私たちがこの会社を再建すべく打った手は、まず人事の刷新と組織改革、ついで株、ゴルフの会員権、土地等の資産売却、管理制度、決裁権限などの経営ルールの整備、不採算事業の収束（いわゆる選択と集中）。これによって要員の大幅削減、借入金の返済を実行していった。

この企業再建のプロセスについては語りたいことが山ほどあるが、一村産業の経営が傾きかけた時、そして大リストラの断行の過程で、どれほど多くの社員が犠牲になったかを考えた時、経営者の責任は重大であるということを身にしみて感じた。その企業を誰がリーダーとして運営するのか、それが企業盛衰の最大の鍵だと痛切に感じられたことは、極めて貴重な経験であった。

三年半たって突然私は東レに戻る内示を得た。まだまだやり残したものが山積みであったし、一村産業という会社をどうすれば再建できるかというヒントがわかりかけていた時だけに、その途上での交代は本当に残念だった。

しかし、この時の経験は私に大きな財産となった。私が再建不能と感じた一村産業は十年強の年数は要したが、見事に再建されたからだ。「会社や事業は客観的には再建困難と評価されても、経営の力と社員の熱意によっては再生できる」。私は、一村産業で経営力と社員力の奥深さを学んだと考えている。

また、私はこれ以来、「選択と集中」という言葉を安易に使うことに注意を払うようになった。経営として当然なさねばならぬことをせずに、業績が悪いからその事業を収束させるという愚を犯してはならない。そして一村産業について言えば、若干おこがましい言い方だが、私たち第一期派遣組の血のにじむような努力によるところも大きく寄与していると自負している。

ともあれ、一九八一年、繊維企画管理部統括課という部署に戻った。そこは東レの売上高の約七割を占める繊維事業の中枢機能部署である。

ざっと業務の内容を引き継いだ後、私が最初に手がけた仕事は書庫の整理である。私の席の近くに、昭和二十年代以来の会社の資料が山と保管されている書庫があった。作業服を着てその資料を片っ端から読み、カテゴリー別に整理し不要な書類は捨てていった。残すべきファイルには重要なもの、やや重要なもの、それほどでないものと三分類してマークをつけ、最後に書類のリストを作った。この作業に約十日間を要したが、着任早々仕事もせず書庫の整理をする私を、皆は不思議そうに見ていた。

この頃、私は自分なりの仕事の進め方を身につけていた。会社の仕事には一定のパターンがある。数学解決法と一緒である。もちろん営業のセクションと私のような管理のそれではテーマは少々異なるが、どちらもいつもだいたい似たような課題が出てくる。そのパターンに応じていかに効率的に、最良の解答に到達するかがビジネスマンの仕事なのだ。

過去の先輩たちが残してくれた資料を読めば、会社の中で起こったことや、それをどう解決したか、何が重要で何が些末《さまつ》なことかすぐにわかる。何らかの課題について検討指示が出れば、そのこと、あるいはそれに似たようなことは過去何度も検討されているものだ。したがって、先人の知恵を早く学んだほうが自分の大して深みもない知識に頼るよりも、ずっと有効だし、そこに自分なりのアイデアを加えれば、さらに深く掘り下げられる。私が常々、「プアなイノベーションより、優れたイミテーションを」と言うゆえんである。

第3章
多忙に流されないためには？

午後六時で終える心がけ

一九八四年、私は繊維企画管理部の統括課長に就任した。はじめての管理職である。それまでも自分流の仕事の進め方を実践してきたが、その手法を人にはなかなか強要できないし、まして相手が上司となれば、その人のやり方があるため思い通りにはいかない。一時期、「成り行き」で仕事を進める課長のもとで働いたときには、そのやり方に強い不満をもった。長時間労働が当たり前で、ムダな指示も多かったし、定時以降の会議も頻繁にあった。その非効率性がたまらなく嫌だった私は、しばしばその上司とぶつかった。しかし相手のほうが「位」が上だから最終的には従わざるを得ない。悔しいが、組織とはそういうものだ。そこで私は、「今は耐えるしかないが、俺が課長になったら全部変えてやる」と気持ちを切り替えた。そして、「課長になったら必ず実行すること」などをノートに書き留めていったのだ。それが、私が貫いてきた「仕事の進め方10か条」のもととなる。

課長になった私は、その権限をもとに非効率性を一掃させることに努めた。

まず私が実行したのは、業務週報をベースに課員の過去一年間の実施業務の重要度とそれに費やした工数（延べ作業時間）を試算し、本来そのことに費やすべき工数と対比して見ることであった。その結果、つまらない業務に多くの工数をかけたり、重要な業務を時間切れのため途中で止めてしまったものなどがあり、仮に最初から周到な計画を立て重要度に応じて時間配分をしていたら半分の工数で業務遂行されたはずだということがわかった。このことを課員全員に理解・共有化してもらったうえで、推敲《すいこう》を重ねた「仕事の進め方10か条」（56〜57頁）を明示、徹底させた。

最大のポイントは次の三点だ。

1　仕事は計画的に重点的に

2　仕事は最短コースで効率的に

3　仕事は結果がすべて

企業は激しい競争をしているし、与えられている時間には制限がある。だから、仕事は絶対に計画的でなくてはならないし、効率的でなくてはならない。毎日午後六時で仕事を終了させるように、全力で頭を使わなくてはならない。

【仕事の進め方10か条】

1 計画主義と重点主義

まず、仕事の目標設定↓計画策定をし、かつ重要度を評価すること。自分の在籍期間、今年・今月・今週・今日は何をどうやるか計画すること。すぐ走り出してはいけない。優先順位をつける。

2 効率主義

目的を十分に踏まえ、どのやり方が有効かできるだけ最短コースを選ぶこと。通常の仕事は拙速を尊ぶ。

3 フォローアップの徹底

自ら設定した計画のフォローアップをすることによって自らの業務遂行の冷静な評価を行うと共に次のレベルアップにつなげる。

4 結果主義

仕事はそのプロセスでの努力も理解するが、その結果で評価される。

5 シンプル主義

事務処理、管理、制度、資料はシンプルをもって秀とする。すぐれた仕事、すぐれた会社ほどシンプルである。複雑さは仕事を私物化させやすく、後任者あるいは他者への伝達を困難にさせる。

6　整理整頓主義
情報収集、仕事のやりやすさ、迅速性のため整理整頓が要求される。資料を探すロスの他に、見つからずに結局イチから仕事をスタートするという愚を犯す。

7　常に上位者の視点と視野
自分が課長ならどうするか部長ならという発想での仕事の進め方は仕事の幅と内容を豊かにし、自分及び組織の成長につながる。

8　自己主張の明確化
自分の考え方、主張は明確に持つと共に、他人の意見をよく聴くこと。自分の主張を変える勇気、謙虚さを持つこと。

9　自己研鑽
専門知識の習得、他部署、社外へも足を運ぶこと。管理スタッフならば、管理会計程度は自分で勉強し、身につけておくこと。別の会社にいっても通用する技術を習得すること。

10　自己中心主義
自分を大切にすること↓人を大切にすること。楽しく仕事をすること。健康に気をつけること。年休をとること。

アガサ・クリスティーの推理小説に登場するエルキュール・ポアロというベルギー人の刑事がいる。彼は、「普通の人は自分の脳細胞を六パーセントしか使っていない」「この灰色の脳細胞をもっと使わなくてはならない」と言う。確かに、ほとんどの人は頭を使っていない。まるで体で勝負しているのではないかと思われるほどである。私はただやみくもに長時間労働している人や組織を見ると、生理的嫌悪感さえ感じる。

単純に長時間労働がダメだと言っているのではない。私は東レの中で実際に多くの残業をしてきた者として、残業の効用はもちろん認めるのにやぶさかではない。しかし、〝上司のつまらない考えややり方によってどれほど無駄な残業をさせられたか〟というのも事実である。したがって、まず形から入ること、つまり「夜六時で仕事を終えるにはどうするか」ということにトライすべきであろう。

仕事運は礼儀が連れてくる

私は課長になった時、「仕事の進め方10か条」ともうひとつ課員に示したメッセージがあった。「独断と偏見のアドバイス」というもので、いわばビジネスマンとしての基本的な心構えや処世術をまとめたものだ。

たとえば、「礼儀正しさにまさる攻撃力はない」というものがある。

これは、私の座右の書『ビジネスマンの父より息子への30通の手紙』（キングスレイ・ウォード著／新潮文庫）にある言葉であるが、この言葉が真実であることを私は実体験から学んできた。「礼儀正しく」と人は言うが、注意深く見ていると実はこれができる社会人があまりいない。そして、そのために仕事がうまくいかない。

当たり前の礼儀を怠るがために、相手が気分を害して、つまらないことでトラブルになる。その結果、余計な仕事を増やす。無駄な時間を費やし、しかも仕事の質も悪くなる。

逆に、常に礼儀を尽くして仕事をしていれば、相手にも大切にされる。日々の仕事もスムースに進む。時には、適切な人を紹介してくれたり、耳よりな話があれば教えてくれるだろう。何かミスをした時もバックアップしてくれるものだ。

だから、「礼儀正しさにまさる攻撃力」はないのだ。

では、「礼儀正しさ」とは何か？

それを、私たちは幼い時に学んでいる。

「人に会ったら挨拶をする」「何かをしてもらったらお礼を言う」「仲間はずれをしない」「嘘をつかない」「間違ったことをしたら、勇気をもって謝る」。これらのことをきちんとやり続けることが、仕事をするうえで最も大切なことなのだ。だから、私は礼儀正しくあるように、部下を徹底的に指導したものだ。そして、このことを私にきちんと叩き込んでくれたのは母親である。

多忙時に起こる家族の体調不良

私が課長になったのと同時に、さまざまなトラブルを起こしながら、俊介は小学校を卒業し中学生となった。この年の十月、浩子が「最近体がだるいし、食欲もない」と訴え始めた。そのうち相当つらそうになり、豊中市民病院で診察を受けさせると、肝機能の数値が悪く急遽入院することになった。急性肝炎との診断であった。

浩子は数年前の手術の時に注射針から感染したと推定されるB型肝炎のキャリア保持者

で、医者からは注意するようには言われていた。しかし、まさか本当に発症するとは思いもしなかった。入院によって、少し肝機能の値が落ち着いてきてひと安心したが、別の問題が持ちあがった。私が浩子の不信を買ってしまったのだ。

ちょうどその頃、私は職場の部下の仲人を依頼されていたのだが、浩子は元来人前に出たりすることが苦手なうえに体調が悪いために二の足を踏んでいた。しかし、私に仲人を頼んできた部下は、以前から社内のテニス部でダブルスのペアを組んできた相手であった。そんな親しさもあり、私としては快く引き受けたかった。

結局、私は浩子を当日だけ病院から結婚式場に向かわせ、終わってまた病院に戻るということをさせてしまった。彼女は私の言うことに従ったものの、会社での立場のためには自分の妻にまで平気で無理をさせるのかと、私に不信感を持つようになった。

一九八四年十月に入院した浩子は、翌年一月に退院したのもつかの間、三月には再度入院することになる。七月、十一月、十二月、八六年二月、十二月、八七年三月と入退院を繰り返したが、最後の入院は半年にも及ぶ長期間となった。

こうした状況の中で家庭はというと、中学二年の俊介、小学六年の啓介、小学五年の美穂子ということで、ここは私の出番である。私は徹底した計画主義、効率主義の信奉者であり、実践者である。会社の仕事と同様、我が家の家事運営でもそれを実践していった。

朝五時半に起きて三人分の朝食を作り、同時に三人分の弁当を作る。おかずはだいたい前の日から決めているので手際よく一時間以内で準備し、そのかたわら子供たちに登校の用意をするよう声をかける。

七時過ぎには家を出て八時には会社へ着く。皆が出社してくる前の一時間が勝負である。その日のスケジュールを確認し、書類を整理し、部下への仕事の指示を決める。会議はできるだけ減らし、必要な会議も二時間のものは一時間、一時間のものは三十分に短縮させるように工夫していった。私の主催する会議は時間厳守、資料は事前配布が原則。打ち合わせも議論もまず結論から始めるようにした。このように、課のあらゆる業務を計画的・効率的に行うことで、無駄を徹底的に排除していった。

私自身の仕事の効率性も極限まで追求した。書類を探す時間がもったいないので整理術も究めたし、ちょっとした〝隙間時間〟でも仕事ができるように常にいくつかの仕事を持ち歩く習慣も身につけた。そして、夕方六時には会社を出て、七時に帰宅したらすばやく夕食を作る。おなかをすかして待っている子供たちにも、少し手伝わせる。九時までに食事や弁当の準備を終え、その後寝るまでは持って帰ってきた会社の仕事をする。

土曜日は必要なものを持って浩子の見舞いに病院へ行く。平日は病院に寄れないので、できるだけ長く浩子のそばにいるようにした。土日は朝から洗濯をしつつ一週間分の大掃除、そして次週の料理の献立作成と買い物をする。まさにダスティン・ホフマン主演の「クレイマー・クレイマー」（離婚した男性が子育てに奮闘する映画）の生活であった。

浩子の三年間にわたる入院生活は確かに私たち家族にとっては、大きな出来事であり、ひとつの試練でもあった。しかし、私が課長というポジションにいて課全体の業務を仕切れる立場にいたことが幸いした。効率的な仕事を徹底することで、家族のための時間を確保することができたからだ。

また家事については、私はもともとマメなほうだから、たいした負担も感じずにやれたのではないか。浩子の病気についてはいささか心配はしたが、たかが肝炎、いずれ治るだろうぐらいの楽観的な気持ちでいた。

入院していた時の浩子の日記がある。

妻の日記から

一九八七年五月二十二日

三月二十四日に入院してから二ヵ月が過ぎた。この三年間、何度入退院を繰り返したことだろう。

今回は客観的に自分自身を見つめ直す機会になった。今年で四十二歳になる。人生八十年というが前半の四十年間は振り返ればあっという間に過ぎたと思う。ＣＴスキャンを撮るまであと一週間。減った体重も少し戻りつつある。食欲も戻りだした。歩いていると時々眩暈《めまい》がし、座り込みたくなる。みぞ落ちのところが押さえると痛い。

家に電話すると俊介が出た。試験は社会と数学、数学はあまり出来なかったらしい。明日学校の帰りに病院に来るように言っておいた。

六月一日

五月二十八日から三十一日まで外泊。微熱はあったが、家族と外食し少し食べられた。主人は業界のゴルフで三度目の優勝をしたそうでご機嫌だった。成田敦子著『ガンと闘う母から娘へ　チーちゃんごめんね』を読む。この話に比べれば、私はまだ幸福だと思う。家族にも恵まれて。

六月四日

今日も微熱が続く。昨晩外出して主人と話をした。美穂子に聞くと主人は「退院してもどうせまた入院するのだろう」と言っているらしい。私はこういうことを言われると体にこたえる。先生に礼状を書く。今回のことで周りの人たちに大変お世話になったし、皆さんいい人ばかり。幸せだと思う。

明日からまた家で病気と自分との闘いが始まる。がんばろう。

子供の本音、どう気づくべきか?

三番目に生まれた美穂子は、赤ちゃんの頃は丸々と太った元気な女の子であった。美穂子は馬力があり、天真爛漫なところはあったが、本当は繊細で傷つきやすい女の子だった。小さい頃から、適当に遊び適当に勉強していたが、私たち両親は俊介のことで忙しく放ったらかしであった。

後に気づいたことであるが、障害児を抱える親が気をつけなければならないのは、実は障害をもたないその兄弟へのケアである。どうしても、親は障害をもつ子供に関心がいく。それは、人の情として自然なものであろう。しかし、そのために、それ以外の子供たちは心のうちに「寂しさ」を抱えるようになってしまうのだ。

浩子が最初に入院した時、美穂子は小学五年であったが、私が仕事と家事で忙しそうにしているのを見て、食事作りを手伝うようになった。小学生なのに料理の本を見ながら最初は味噌汁やサラダを、そのうちカレー、焼き物、煮物、炒め物等、何でも作るようになった。もともと料理が好きなのか、母親譲りの料理の腕は確かで、なかなかの味つけであった。

母親が家にいなくとも、さほど問題とは感じないようで、料理以外でも俊介の服装のことやら、私の頼む買い物やら、なにかとこまめに手伝ってくれた。この時以降、彼女は私の強力なサポーターとなっていく。

俊介は相変わらず人との交流はなく、いつも一人自分の世界で過ごしていて、校庭の隅で歌を歌ったりしていた。いじめられても抵抗はせずひどく怖がるので、面白がって一部の生徒からのいじめが続発し、そのうちクラス全体に広がっていった。運動着や運動靴を隠されたり、弁当を取り上げられたりすることはたびたびであった。

こんないじめもあった。その中学校では毎日交代で日直をするのが決まりだった。日直は朝早く登校し、掃除をしたり、黒板を拭いたり、昼食のお茶を用意したりするのだが、出来が悪いと帰りのホームルームで反省させられ、「次の日も日直」という罰が与えられる。俊介はややスローで出来があまりよろしくないので、連日のように日直をやらされることになった。それでも、彼は毎日一生懸命努力していたし、私たちもいろいろ励ました。しかし、生徒たちは半分面白がっており、その罰は一ヵ月も続いたのだ。

たまりかねて担任の先生に何度も頼み、日直からはずしてもらった。しかし先生は生徒たちにきちんと説明しなかったという。その後もいじめが続き、教室で生徒たちと話をしたいと頼んだが、「父兄が教壇に立つのはおかしい」と言って許してくれない。

そこで近所の生徒の一人に、今日の帰りにクラスの生徒たちに自宅に寄るように声をかけてほしいと頼んでみた。二十人ほど集まった生徒たちに自閉症がどんな障害であるのかを説明し、「世の中にはさまざまな障害やハンディを持つ人たちがいる。そういった、いわば弱い人たちを無視したりいじめたりするのではなく、励ましたり助けたりすることが大事。そういうことが自分や社会を幸せにしていく」などの話をした。

多くの生徒たちは共感したようで、次の日からいじめは潮が引くように消えていったと、私は勝手に思っていた。だが、後に俊介から、「お父さん、違うよ。いじめはあの後も続いていたよ。お父さんが言うほど簡単じゃないと思うよ」と言われた。多分そうなのだろう。一回話をしたぐらいで状況が変わるということではないのだろう。

大切なことを見極める力

一九八五年十月、繊維企画管理部では一番忙しいというか、その課の担当する製品が繊維事業の利益の七十パーセントくらいを占めている部署の課長になった。

課全体の業務は私の流儀を徹底させた。「仕事の進め方10か条」に基づいて効率性を上げ、全員六時で帰るように指示。なかにはもう少し仕事をやりたい者もいたようだが、それは見ないふりをした。私は家の事情もあったし、事実、仕事の大部分は夕方に終わらせることができるので六時に退社した。部下たちも定時で退社するようになっていった。

ところが、私の隣の課は毎日のように十時頃まで残業し、休日も出勤していた。私の課は皆毎日早く帰る。それが原因とも言えないが、隣の課長が東京へ転勤したのを期に、部長の判断で私の課と合体し、私が両方を管理することになった。

合体した隣の課の長時間労働の実態を見て、「仕事とは何だろうか」と思った。確かにやることは山ほどある。その課が作成する全社会議の資料は三十ページ以上だが、こちらは数ページである。九十点の評価を得ようとすると大変だが、八十点でいいと思えば三十パーセント仕事時間が減る。九十点か、八十点かは、組織の責任者の判断が大きい。それにそのテーマは九十点であっても、もし他の大事な仕事をやらなかったら、そちらはゼロ点となる。業務遂行にはプライオリティーの設定とバランス感覚が求められる。

私の持論に「仕事のパレートの法則」というものがある。「パレートの法則」とは、「国富の八割は二割の人に帰属する」といった「八割二割の法則」のことで、私はこの法則は仕事にもあてはまると考えている。つまり「仕事量全体の二割の重要な仕事をやれば、求められる成果の八割を達成したことになる」ということだ。肝はどれが二割の重要な仕事なのかを見極める力である。事の軽重を知ることが、仕事を効率化させる根幹となるのだ。

その後、繊維事業の業績悪化に伴うスタッフの合理化の必要もあって、私の属する部の四つの機能を一つに統合し、事業管理室と名称も変えて、私はその室長となった。人事部は「課長になりたての人間に室長という呼称を使用するのは例がない」と反対したようだが、私の上司の小見山部長は「合理化のため止むを得ない」と押し切った。

第4章

ひとりでがんばらないためには？

事実の把握が解決を産む

一九八五年にプラザ合意が行われ、急激な円高が進行した。

そこに国内供給の増加という要素も加わり、日本繊維産業は各社ともに業績を急速に悪化させていった。そして、八六年には、ついに東レの繊維事業は赤字を余儀なくされるに至る。

危機感を深めた私たちは、繊維企画管理部の若手を集めて再構築プランの策定を考え始めた。私はまずプランのネーミングが大事だと主張し、皆で相談した結果、“Action Program for Survival” 略して「ＡＰＳ」と命名し、大規模な改革に着手しようとした。このＡＰＳの考え方が繊維事業の役員会に上程され承認されたが、その後、具体的アクションプランを策定するのに最も熱心で実質的なリーダーになったのは、このすぐ後に社長になられた前田勝之助常務（当時）であった。

私たちには、なんとしてでも黒字化させねばという緊張感というか危機感があったので、実力者の前田常務のリーダーシップは大変ありがたかった。品種別採算管理の徹底と不採算品種の削減、工場の統廃合、要員を中心とする総費用の大幅削減、グローバルな展開という課題を検討し、実行していった。結果としては翌年以降業績が大幅に改善し、二年後には三百億円の利益を計上するまでになった。

その後、東レ社内で「ＡＰＳ」は事業再構築の代名詞として使われるようになった。ＡＰＳの策定以前、私は前田常務をあまり知らなかった。しかし、このＡＰＳに対するこの方の情熱、仕事の手法を二年間目の当たりにして、東レにも恐るべき人がいると感じていた。私は、業務は「極力、計画的・効率的に」と考えていたが、前田常務はそれはもちろんのこと、「現実はどうか、事実は何か」を徹底して掘り下げ、対応策についても「本当にそれでいいのか」と何度も問いかけ、解決する人だった。

余談であるが、この「事実は何か」というのはきわめて重要なことである。事実というのは「報告された事実」「そうであってほしいという事実」「前提とされた事実」などさまざまな事実があり、それは事実ではないケースがある。一度ゆすってみて「本当に事実かどうか」を検討しなくてはならないと、私は考えている。

あらゆる戦略・戦術は「事実」に基づいて構築される。その「事実」が不確かなものであれば、どんなに緻密《ちみつ》に練り上げた戦略・戦術も無効であるばかりか、逆効果にすらなりかねない。逆に「事実」さえしっかりと把握できれば、会社で通常起きる問題の解決策は「常識」で判断できるものなのだ。

単身赴任と充足感

私は前田常務が社長に就任する半年前から、「この人を置いて次の社長になる人はいない」との確信を持っていたし、周りの人たちにもそう言っていた。

その前田常務が末席常務から十四人抜きで社長になったのは、一九八七年四月であった。そして最初に実行したことのひとつが、社長のスタッフである経営企画室の一新である。すなわち、繊維・プラスチック・ケミカル・複合材料・新事業の各事業分野と研究・財務経理・国際の各機能分野のエキスパート八人を経営企画室に集結させ、スピードを加速させて前田経営を実践していくことだった。私は、そこに繊維の担当として参加するように内示を受けた。

新体制の陣容は部長四人、次長三人、課長一人。ひとり課長(最年少)として選ばれたわけで、ビジネスマンとして身の引き締まる思いだった。

ただ、大阪から東京への異動である。当時、浩子の病状は少し良くなったとは言いながらも、まだ油断できない状態であり、かなり困惑した。あれこれ悩んだ末に東京へ行くことにしたが、この間やや日が経過してしまって、他のメンバーが七月一日付で発令されるなか、私は二週間遅れでの単身赴任となり、経営企画室に着任した。

それまでの我が家は私を中心に運営されていたが、東京への単身赴任により、佐々木家の家庭運営のすべての中心は浩子になった。自閉症の長男・俊介の面倒を見ながら、次男、長女の二人、それに年をとってやや認知症気味になった母親の世話をするという生活が始まった。幸い肝臓病は小康を保っていて大事には至らなかったが、私はいつもひやひやしながら大阪の我が家の生活を見守っていた。その代わり家庭生活に時間を割く必要がなくなった私は、前田社長のスタッフとして思いっきり経営改革の仕事に没入できた。この時代は私にとって、ビジネスマン生活の中で最も充実した時期と言っても過言ではない。

その当時、子供たちが単身赴任先の私へ宛てた手紙がある。忙しい日々のなか、これらの手紙に慰められたものだ。

単身赴任の時に子供たちから来た手紙

父へ

手紙が来たので書くことにします。もう、冬休みで二学期も終わりました。毎日ヒマで本を読んでいます。大みそかも近づいていますが、あまり変わったことはありません。あるといえば今度中学の時の同窓会があります。それを除くと、年末年始までおそらくヒマです。クリスマスは図書券をもらいます。だから、紀伊國屋で本を三、四冊買って読みまくることになるでしょう。

ところで、この前地震が来ましたが、大阪にはほとんど地震が来ません。震度四から五という強震はほとんど経験したことがありません。このごろ本で五年以内に東京で震度六の直下型地震が起こり、高層ビルが倒れて大災害になったり、十年以内に富士山が爆発し、ソ連軍が侵入し、クーデターが発生し、日本中が大混乱に陥り、あげくの果てに平野部が沈没すると書いてありましたが、もし本当に起こるともちろん大変です。

書くことがなくなったのでこれで終わりにします。

俊介（高校二年）

おやじへ

えー　本日も晴天なり。空も青く、太陽はかがやき、見わたすかぎりの「住宅街」です。体の調子はおもわしくありません。☆これから書く問いに二十九文字以内で答えよ。

まず第一問　クリスマスプレゼントは現金いくらか。

第二問　お正月のお年玉はいくらか。

いずれも五千円以上十万円以下の内で答えよ。

（注）今回の成績には関係なく答えること

以上

……ということは、成績がむちゃくちゃ悪かったということです。

なのでNOW、成績向上の対策を練っています、なにかとアドバイスを……。

努力したつもりだが……！！

あ〜〜〜　考えるだけで　むかつく！！！！！！

啓介（中学三年）

お父さまへ
毎日ではありまへんが、お母さまに怒られている美穂子でございます。

えーこれから書く文は、お母さまが「思ってることを書きなはれ」と申すので、私自身思ってることを書かしてもらいます。

毎日、ぜんぜんおもしろくありまへんなァー　ほんまに……。

このまえかて、中間テストというしょーもないのがありましてな、大変、落ちこむような点でございましたなぁー　数学は、けっこー自信がありましたけどな、ぜんぜんダメでございましたなァー　ひさんも、いいとこですな。

ほんまに、落ちこみましたな。

ま、そーいうことですな。ほんでから……

今日送ってきた、あのドイツ製かなんかしりまへんけど、あのお肉くさってないれしょーか。ちょっとばかり心配ですねん。死んだら、どないしてくれんの?

まっ、そーいうことやね。

お父さんも体に気をつけて(太りすぎに注意しよう)

お仕事がんばってくれなはれ。

では　よろしゅう。

美穂子よりでんな。(中学二年)

ついでながら僕も書くことにします。

十一月九日に懇談がありますが、豊島高校から転校しないことにすることになります。

他にもいうことがあると思いますが、まだあまり決めてません。

後はあまり大きなことはないようなのでこれで終わりにします。

佐々木俊介

子供の体調不良

中学時代の初期のいじめはなんとか少し収まったが、俊介の同級生たち全体の雰囲気は「少し変わった奴だが、まあ無視しておこうか」という感じだった。俊介の学校の成績はきわめて悪く2と3の評価ばかりで、本人に聞いてみると質問の意味をよく理解しないまま、自分勝手な解釈で答えを書いていたようだ。

中学三年の時の担任の先生には、「このままでは志望の府立高校への入学は無理だ」と言われた。それでも父親として身近に見ていて、学力はそこそこあるのではないかと考えていたので、俊介にはよく問題の意味を理解してから答えを解くようにとうるさく注意して受験させてみた。すると、ギリギリで合格した。一九八七年三月のことである。

入学した豊島高校は自宅からは結構距離があり、俊介は自転車通学を始めた。その頃の俊介は、通常の高校生とそれほど差があるようには見えず、「少し変わった高校生」という感じであった。学校の勉強をするのに少しアシストをつけたらいいのではと考え、阪大に通う従姉の子に家庭教師をお願いした。

高校に入学してしばらくすると、何がきっかけなのかはよくわからないが、急に勉強に興味を持ちだした。何かを分析したり、いろいろなものをパターン化するのが好きで、分類しながら教科書などを丸暗記し始めた。みるみるうちに成績が向上し、二年の後期にはクラスのトップになってしまった。その頃の私は俊介が自閉症であることを忘れかけ、いずれ大学に進み、将来は何かの研究者になるのではないかと期待したほどだ。

ところが高校三年の時、突然幻聴が聞こえはじめ、誰かが自分に何かを指示したり、訴えたりしていると言い出した。ある夜など、「隣のマンションの二階の右端の家に行け」と幻聴の中で指示され、真夜中にその家のベルを押したため、その家の人たちが出てきて大騒ぎになったこともある。自閉症者の中にはときどきこのような症状が出る人がいるようだが、これまで何もなかったのに突然こんなことが起きるなんていまだに信じられない。

この後、俊介は今日に至るまで幻聴との会話の日々を続けることになる。この高校三年の時のつまずきで勉強も手につかず、高校を卒業するのがやっと、という状況で、大学受験も二つほどトライしたが、どちらも不合格で浪人生活となった。

大切な労力は計画して使う

前田社長は、「君たちは二年で交替させる。二年もたつと現場感覚が希薄化するからだ」と言っておられたが、私はそんなこと言っても簡単にはいくまい、どうせ三～四年はいることになる、と高をくくっていた。ところが本当に二年後、異動することになった。

その時、繊維の今村本部長から、「次は海外だな」と言われ自分でもそうだろうなと考えていたが、フタを開けてみると二十年もスタッフをしてきたというのに今度は繊維の営業だという。人を育てようという前田社長の卓見だと思う。

そこで、大阪へ戻り、再び家族と一緒に生活できることになった。

私の次の職場は産業資材部の水産資材課というところで、漁網用の原糸（原料）と釣り糸（テグス）を扱っていた。漁網用は東レが得意とする分野で、シェアは五十パーセント近くもあり問題はなかったが、釣り糸はシェアが二十五パーセント程度であった。東レがかつて百パーセントを占めていたことを考えれば、苦戦を強いられている分野だった。その大きな原因は、激しい競合状況と複雑な流通構造にあった。

そこで私は、東レの直接の販売先である販売元をひとつにまとめて「東レフィッシング」という会社を設立し、釣り糸を直接大型量販店に販売することを考えた。任期はおそらくせいぜい二年くらいだろう。だから、この新会社を設立し、新しい生産流通システムを構築するには全力で走らないと間に合わないと私は考えていた。

やるべきことは山積していた。各販売元への条件の提示と新会社設立の説得、出資比率の調整、各社からの受け入れ社員の選別、新会社オフィスの場所探し。合併には営業譲渡を伴うため、公正取引委員会の許可も必要だ。そのほかにも、小売への直販体制の仕組み作り、社内の経営会議、常務会での発案など多忙を極めた。何度も壁にぶち当たった。特に販売元の了解を得ることには多大な労力を必要とした。

着任して一年十ヵ月。新会社のオープニングセレモニーを執り行ったのは一九九一年の五月のことだ。その二ヵ月後の七月に、新設されたマーケティング企画室への異動の辞令を受け取った。このプロジェクトはギリギリのところで間に合ったわけである。

しかし、実際には、プロジェクトのデッドラインを明確に設定し、これまでにつちかった計画的仕事術を駆使したからこそ成し遂げることができたのだ。

一九九二年、大阪の豊中から東京の荻窪へ引っ越した。今度は家族を連れて行くことにした。

啓介は豊中高校の三年生で受験間近でもあり、自宅に置いてゆくことにしたが、高校二年生だった美穂子は大阪から東京へ転校することに決めた。ところが、都立高校で途中編入を受け入れるところはほとんどなかった。

これだけ転勤が多い時代にどうして空きがないのか聞いてみると、ほとんどの父親は子供の教育のため、家族を残して単身赴任するのだという。編入の余地のある高校はないことはないが、学力レベルに問題があった。

すでに美穂子を連れて行くことを決めていた私は、本当に焦った。家の近くに荻窪高校があり、一人だけ枠があった。そこには五人の志望者がいたが、幸い、美穂子はかろうじてそのひとつの椅子に滑り込むことができた。

この頃からすでに、浩子は心身ともに変調を来たすことがときどきあり、心配して美穂子と二人でよく話し合っていたものだ。

小学校・中学校では素直な模範生で生徒会長などをしていた啓介は、豊中高校に入ってからラグビーに夢中になりはじめた。別にそれはかまわないのだが、次第に勉強をしなくなって成績は下降線を辿っていき、大学は受験した八校のすべてが不合格となった。

一九九二年、家族が東京へ引越しした後も、自分は大阪に残って浪人生活をしたいと言い出した。どうしても一人残って勉強したいというので好きなようにさせた。

後で考えると、家族から離れて自分勝手な生活がしたかったようだ。浪人して半年間、祖父母や近所の人の話によると、あまり勉強せずに友達などを呼んで遊んでいたらしい。

受験まであと半年、というところでさすがに焦りはじめ、突然猛勉強を始めた。私が大阪出張でときどき家に寄ると、壁に「意思あるところに道通ず」とか「必勝」などと張り紙をしていて相当気合いが入っていた。

翌年、受験した八校にすべて合格し、早稲田大学へ入学した。

ところが入学と同時に自分でさっさと下宿を見つけ、親が都内に住んでいるにもかかわらず西武池袋線の沿線で一人暮らしを始めてしまった。

小さい頃の啓介は清潔好きで、いつも机のまわりや部屋は片づけられていたし、宿題もきちんとしていたので「キッチリ啓ちゃん」というあだ名であったが、大学に入ってからは「別人28号」と化して、いつ行っても彼の部屋は汚く足の踏み場もないような有様で、着る物もいい加減なものばかりだった。

入学後、啓介はサークル活動などに深入りして勉強はさっぱりせず、大学を卒業するのに六年もかかってしまう。彼の一人暮らしは、家族が目黒に引っ越しした時、私の苦境を見かねて自宅に戻って来るまで十三年間続くことになる。

第5章

いったい父親は何をしているのか？

か弱き者が中心になる家庭

荻窪に引っ越した翌年、わけあって横浜の保土ヶ谷に引っ越すことになる。

ここで、私は保土ヶ谷区役所の保健所でお世話になった方の紹介で、自閉症者の親の会「やまびこ会」と自閉症者の施設「やまびこの里」を知った。

それまで自閉症のことはあまり理解できていなかったが、約三百人の会員がいるその親の会に入会し、交流を深めるなかで自閉症なるものがいかなるものかが徐々にわかりはじめた。自閉症という概念はある程度わかっていたが、それをもっときちんと勉強もせず、俊介が成人になるまで放っておいた私は怠慢な親であった。

自閉症は、その文字が示すような自分の殻に閉じこもって周囲の人に打ち解けないという障害ではない。また乳幼児期に不適切な教育・しつけをされたため心を閉ざしてしまったというような情緒障害でもない。そのため、私は自閉症という名称はやや誤解を与え、あまり適切な表現ではないのではないかと感じている。

狭い意味での自閉症は千人に約三人で、広範性発達障害（PDD）、あるいは自閉症スペクトラム障害（ASD）も含めると百人に一人とされる。

現在の医学レベルでは依然として原因不明。おそらく単一の原因ではなく、中枢神経系を含む生物学レベルでの障害である。人とのコミュニケーションが容易にできなかったり、自分の状況を適切に理解できず、慣れない場や状況では大きな不安や混乱を感じてしまう。そして、その根本的治療法はなく、自閉症が何らかの方法で治るということはないとされている。ただし、完治するような障害ではないが、療育や教育、家族や周囲の努力でその能力の不足や社会的不利という状態は大いに改善される。

俊介はIQ100を超えるいわゆる高機能自閉症（アスペルガー症候群）であるが、最近はその存在がクローズアップされてきて、大変優秀な人が実は自閉症だったという話がテレビドラマになったりしている。例えば、音楽、手芸、絵画、計算、ジグソーパズルなどに優れた能力を発揮する。俊介の場合は、一度聞いた歌、一度通った道をすぐに覚えたり、地理・歴史をそのまま暗記することなどに能力を示した。映画『レインマン』の主人公で自閉症者であるレイモンドも、カジノのゲームで特別な才能を発揮してみせた。

そんな俊介だったが、高校三年から聞こえ出した幻聴がひどくなり、保土ヶ谷に移った頃から、暴れたり外へ飛び出したりすることがあった。父親の私には反抗しないが、母親には暴力を振るうことが時折あった。大学入試も一年であきらめざるを得なかった。

一時期、新聞配達をしたことがあったが、雨の日は極端に嫌がり長くは続かなかった。まさしく「レインマン」である（レイモンドも雨の日は一歩も外へ出ない）。

横浜市港北区樽町にある自閉症者の施設の作業所にも三ヵ月程通ったが、周りに人がいると落ち着かなく、また手作業が苦手なこともあり半年で通所しなくなった。

毎日のように新しい本を買い込み、二度も三度も繰り返し読んで知識や疑問を頭の中に蓄え、その知識や疑問、そして自分の考えを二時間でも三時間でも話さないと、つまり私たちが聞いてあげないとパニックが起きそうになる。

浩子は家事をしながら、俊介の話を延々六時間も聞き続けたことがあったという。浩子には、俊介の存在がいろいろな意味で重い負担としてのしかかっていったようだ。

横浜に引っ越してしばらくたった頃、自閉症者の会のメンバーの一人から、東京の梅ケ丘に自閉症専門の優秀な医師がいるという話を聞き、紹介状を持って訪ねてみた。内山登記夫先生との出会いは、俊介にとって人生の大きな転機となった。当時、三十代の内山先生に俊介は大きな手応えを感じたらしい。俊介の心を開き、考えていることを吐き出させることが自然にでき、俊介の得意な力を引き出すのも上手であった。

しばらくしてから、内山先生は横浜の都築区仲町台に自閉症専門の「横浜発達クリニック」を開設され、今では日本での自閉症研究の第一人者となっておられる。以後十年にわたり俊介は内山先生らに支えられ続けることになる。

自閉症者の親の会「やまびこ会」に何度か通ううち、山登りの会「ヤッホークラブ」があることを知った。

山登りは俊介の得意とするところでもあり、試しに一九九三年九月、中央本線沿線の陣馬山への山行に参加してみた。それが大変楽しい山行となり、これに味をしめて毎月俊介と二人で奥多摩・丹沢・箱根など近郊の山に出掛けるようになった。

ヤッホークラブの常連の皆さんは、自閉症の子育てに苦労してはいるが、パワーあふれる母親たちだった。山行の楽しさもあったが、このような一家言持つ肝のすわった方々とお話できることで、ずいぶんと勇気づけられたものだ。彼らとの付き合いは、私と俊介にとって大きな宝物であった。

ただ、気になることもあった。ヤッホークラブに父親が参加することは少なく、「やはり自閉症というか障害児の面倒を見るのは母親なのだな、いったい世の父親は何をしているのか」という思いも出てきたのだ。

しかし考えてみれば、我が家はたまたま浩子が病気だから私がそれをカバーしているのであって、浩子が元気なら私も世の父親と同じなんだと思い返した。

様子がおかしい家族を見守る

自閉症者の多くは一見して障害とわかるいわゆる知的障害なので、「愛の手帳」を交付される。手帳があれば障害者として認定され、交通機関が無料になるし、税金の面でも障害者控除を適用され、障害年金も支給される。

私たちが横浜に住んでしばらくしてから、私も俊介のためにその措置を申請した。しかし俊介は試験の結果ＩＱが１００を超えたため健常者とされ、障害者と認定されなかった。

たしかに俊介はＩＱは高いが、社会性に欠け、働くこともできず独り立ちできない立派な障害者なのに、ＩＱという尺度だけでそれを決めるというのはおかしいと思った。

相当たってから、俊介が入院せざるを得なくなったところで、精神障害ということでやっと障害の認定が下り、それなりの救済措置がとられたが、いわゆる高機能自閉症者は、ある意味では明らかに障害者と認められる人たちとは違った苦難の道がある。

後日、私は都内へ引っ越すことになるが、俊介のために最終的には横浜に永住しようと考えたのは、この時の横浜市のいろいろな人たちとの交流や、実績のある活動が大きな引き金になっている。

当時の親の会の会長は宍倉孝さんという方で、まだ若いのに自閉症者のために、ある意味では自分の仕事を犠牲にしながら全身を打ち込んで活動されていた。

私はこの会を知ってから一年後、親の会の副会長を頼まれ引き受けることになった。まだ仕事も家庭もそれを許せる状況にあったし、このような障害を持つ人や家族のために何かをしないではいられなかったからである。

私のこの時の体験が、「私たちは会社の仕事をするだけでいいのか……」という重い問いかけのきっかけになっている。

よく退職してから地域や何らかの活動に参加し、社会貢献する事例が紹介されるが、普通に勤めている人たちもそういう活動をすることで、また違った世界が開けるのではないだろうか。

高校を卒業後、看護学校へ進んだ美穂子だったが、卒業間近になった一九九五年、学校の先生や友達のことで悩み、それが相当な重荷となって学校を休みがちになる。全寮制の学校だったが、その時の彼女にとって寮生活は耐え難いものとなったため、新井薬師に住む次男啓介のアパートに移らせた。

アパートに移ってすぐのある日、啓介から会社にいる私の携帯電話に連絡が入った。

「お父さん、昨日からみいちゃんの様子が変なんだ。今日も朝から様子がおかしい。すぐ来て」と言う。

私はすぐアパートへ駆けつけたが美穂子の姿は見当たらない。啓介と近くを何ヵ所か探してみたがやはり見つからない。

「昨日から何度も死にたいと言っていたよ」という啓介の言葉を聞いて一一〇番に捜索願

を出した。警察もアパートまで来て対策を練ってくれたが、どこへ行ったのかはわからない。行き先がわからないのでは警察も手の打ちようがない。

二時頃からアパートでただ連絡を待つだけ。待っている間、「あいつは今頃どうしているだろう。思い切りのいい奴だからどこかに飛び込みでもしたのだろうか。警察からきっと事故の電話連絡が入るのだろう」と考えジリジリしていた。

夜の七時半、秩父の警察から電話があり、すぐ来てくれと言う。無事だとも何とも言わない。二時間かけて秩父の警察へ行き、そこから外科病院へ向かった。なんと長瀞《ながとろ》の川の近くの山から下へ向かって飛び降りたが、幸い下が岩場ではなく砂地だったので全身打撲ですんだと言う。ある程度想像していたこととはいえ、衝撃であった。

本人に会い、警察に話を聞かれ、急遽手配した秩父のホテルに着いた時には夜十二時をまわっていた。浩子のこと、俊介のことで精一杯だった私に、そのサポーターまでが大変さに加わってしまった。

その夜、感情が高ぶったなかで美穂子宛ての手紙を書いた。

親愛なる美穂子へ

適当な紙がなかったので、こんな会社の資料の裏の手紙にしました。

今回のことはお父さんの人生の中で最も衝撃的な事件でした。

土曜日、一一〇番してから埼玉県警から連絡が入る数時間は、不安と恐怖の固まりの時間でした。何度も何度も、あなたが生きていてほしいと神様に祈り続けました。病院に着いてあなたが生命に別状がないとわかった時の安堵は、筆に尽くせぬものがありました。

あなたの感じていた苦しみや悩みを共有することは、父親としてなかなかできないことです。それでもそれにしても、そのことに気がつかなかったとは悲しいことです。一緒に住んでないから無理からぬこととはいいながら、ひどく残念な気がします。

ですけれど、美穂子の悩みがどんなに深かろうと自分の命を絶つことは許されません。それは、お父さんにとってはもちろん、あなたにとっても絶対に許されません。あなたは、お父さんにどれほど愛されている人間かわかっていません。

お父さんが今までたくさんの人たちとつきあってきて、あなたほどお父さんが愛した人はいません。あなたの性格、大ざっぱなようできめ細かく、大胆なようで繊細な、そんなあなたの本質はお父さんが一番よく理解しているつもりです。何よりもあなたの生き方がお父さんは大好きなのです。

この家を支えてきたのはあなたとお父さんだったでしょう。あなたはお父さんの類まれな戦友なのですよ。

お父さんがさまざまな戦いをしていた時、いつも美穂子がそばにいました。これからもずっといてほしいし、お父さんが大好きなあなたの生き方をこれからも演じてほしいのです。あなたの人生は自分が決めていくものです。それは以前から決められたものでは決してありません。都合が悪ければ軌道修正しましょう。お父さんは最大限の努力を惜しみません。

しばらくはのんびり休んでください。

またゆっくり話をしましょう。

秩父ホテルにて

数年後、美穂子が自分の手帳の間にこの手紙を挟んでいるのを見て驚いた。私は忘れていたが、彼女にとってはこの手紙が、その後ひとつの支えになっていたのかもしれない。その時の美穂子の心の本当の事情は今でもよくわからない。言いたいこと、訴えたいことが喉まで出かかっていたのかもしれないが、私は無理に聞かなかったし、彼女はその後も話さない。

美穂子が不安定だったのはほんの一時期で、その後病院に就職した。しかし、浩子の精神の不安定さの度合いが強くなるにつれ、美穂子には母親の存在が重荷になっていったようだ。

食卓に寸暇《すんか》を惜しむ気持ちを持ち込まず

この当時、俊介の行動はその若さゆえか激しくなり、暴れる時は浩子が恐怖を感ずるまでになった。

そんな時、浩子は家を出て横浜の駅前で時間を潰し、私が帰る時間を見計らって帰宅することもあった。そのうちそれではすまなくなり、箱根に逃れ数日を過ごしたこともある。そのようなことが続くので、近所にアパートを借りて浩子を避難させることにした。浩子は朝、自宅に戻り、俊介が寝ているうちに家事を済ませアパートに帰る。夕方にちょっと来て夕食の支度をして戻る。俊介の様子がおかしければ何もしないで戻った。

それでも俊介の状態が改善されないため、内山先生や西尾さんと相談し、俊介を精神科に入院させることにした。

しかし、精神科の閉鎖病棟というのはひどいもので、私は俊介を一人置いて帰るのにしのびなく、よほど連れて帰ろうかと思ったほどだった。

二ヵ月後退院し、自閉症の施設がある仲町台にアパートを見つけ、一人暮らしをさせることにした。俊介は、月曜日から金曜日までは仲町台のアパート、土日は自宅に戻るという生活を送るようになった。

仲町台の自閉症者の支援室ワークアシストとしては、施設ではない一般のアパートで特定の自閉症者を支援するのは、公的には説明が難しいということだった。それで、ボランティアということにして三人が交替で俊介のところに通ってきてくれ、俊介の話を聞いたり、身の回りの世話をしてくれるようになった。その援助費は私が支払うことになり、家賃も含め月十万円を超える負担になったがしかたがなかった。

この頃、私は慣れ親しんだ繊維部門を離れ、プラスチック事業部門の部長として多忙な日々を送っていた。

プラスチック事業はポリエステルフィルムやナイロン、ABS、PBTなどの樹脂の事業が主な製品であったが、異動当初は市況も悪く毎年減益が続く局面にあった。そこで私たちは、かつてプラザ合意後の繊維不況時に行ったのと同様、APSを実行することになり、大幅な合理化・スリム化に着手した。しかし、一年やってみて、この事業はグローバルには大きく拡大できるという確信を持ち始め、プラスチック事業のトップの指導もあり、主として海外での拡大戦略に転じた。

三井化学との合弁でインドネシアにペットボトル用樹脂の製造拠点を新設したのを皮切りに、アメリカはロードアイランド州、バージニア州、フランス、マレーシア、中国、タイなど、二年間で約一千億円の設備投資を実行した。毎月のように発案書を常務会に提出するわけだが、アメリカの会社の役員を兼務していたこともあり、一〜二ヵ月に一度は海外出張しなければならなかった。

とにかく忙しかったので、寸暇を惜しんで仕事をした。例えば、ニューヨークから日本へ戻る飛行機が離陸した後、一時間半で出張リポートを書き上げる。余力があれば、アメリカでの新規設備投資案件の発案書の骨子まで書き上げる。本当は疲れているのでアルコールでも飲んで眠ってしまいたいところだが、それをして日本へ帰るとまったく手をつけられない状況になってしまう。留守の間に溜まった一週間分の書類と部下の相談事、そして上司の指示が待っているからだ。それに対応しているうちに、どんどん日が経ってしまう。記憶も薄れ、出張リポートの品質は劣化するばかりだ。だから、いつでも私は「仕事は現場で片づける」ことを自分に課しているのだ。

これら一連の事業拡大計画を遂行する中で、その国の事情の理解は極めて重要で、フランスにはフランスの、アメリカにはアメリカの、その国ごとの文化や国民性に合わせた経営をしなければならないという思いを強くした。

一方で、矛盾した言い方にはなるが、日本流の経営もある程度押しつけなければならないとも思った。そうでなければ、経営意思を徹底することができないからだが、これは決して容易なことではない。

異なる歴史と文化を持つ会社との連携・融合は難しく、相当性根を入れて工夫して経営しなければ成功することはできない。最近でも、企業の事業戦略の手法として、M&Aによって「時間を買う」などと言われることがあるが、少し間違えれば「時間を浪費する」ことにもなりかねないのだ。

そして、この時期に家庭では新たな苦難が始まろうとしていた。

浩子のうつ病である。

精神の不安定を自覚した浩子が、私に内緒で精神科を受診していたのだ。そのことを私が知ったのは、受診から約半年後のことであった。

私の仕事が忙しく、話しづらかったようだ。

一九九六年六月、私は再び大阪への辞令を受けた。今度は、古巣の繊維企画管理部の部長だという。

個人的には、繊維はよく知っている分野で知識もそれなりにあり、人間関係にも苦労せずすぐ業務には慣れたものの、家のことが心配だった。少し安定してきたとはいえ俊介はまだいろいろ手がかかり、浩子一人のサポートでは無理であった。また大阪に引っ越しというわけにもいかず、単身赴任をしながら極力、横浜の自宅に戻る生活設計を考えた。

月曜から金曜までは大阪で仕事をし、毎週金曜の夜、横浜の保土ヶ谷に戻り、仲町台のアパートから自宅に戻る俊介と一緒になる。土曜日は家族と一緒だが日曜の夕方には、俊介と共に仲町台のアパートに行き、月曜の朝一番の新幹線で大阪へ帰るという生活であった（仲町台は新幹線の新横浜に近い）。

俊介は一週間のうちにたくさんの本を読んでいて、その話を誰かにしないと落ち着かないため、毎週土日はそれぞれ二〜三時間、一緒に散歩をしながら話を聞く生活が続いた。

戦国時代の織田信長、豊臣秀吉、徳川家康の戦いぶり、その家族や家臣の話、ヨーロッパやアラブの預言者の話、地球滅亡の可能性、世界各地の紛争や政治の話など話題はある種のものに限られていたが、話をした後必ず「どう思う？」と聞かれるので、上の空で聞き流すわけにもいかない。

職場は慣れた部署とは言いながら、業務量はきわめて多く、往復の新幹線の中や日曜の夜は私の貴重な仕事タイムであった。

ただ、月曜から木曜までは単身赴任寮、金土は自宅、日曜は俊介のアパートと一週間に三度寝床を変える生活は結構きついものであった。

第6章

家族の一大事に仕事はどうしたらいいのか？

パートナーとの溝《みぞ》を確認せよ

一九九七年六月、私の直属の上司で繊維本部長であった平井専務が、前田社長の後を受けて社長に就任した。平井専務は取締役を二年務めたあと常務を経ずして専務に昇格されており、次の社長というのは衆目の一致することであった。その直後、私はわずか一年の大阪生活で再び東京本社経営企画室の辞令を受けた。

考えてみると入社後十八年間は大阪での生活であったわけだが、その後は東京二年、次いで大阪二年、東京五年、大阪一年、そしてまた東京と、職場が二〜三年おきに変わった。大阪と東京を六回も変わるというのはたまたまとはいえ、個人の事情を考えてくれない人事異動をうらめしく思ったものだ。

それよりも、東京へ戻ってきたのはいいが、どうも夫婦仲がよろしくない。

私は仕事同様、なにごとも効率主義で結論先行なので、すぐ「要は何が言いたいのか」とか「はっきり決めなさい」と言うが、浩子はさまざまなことをゆっくり話しながら理解してもらいたいらしい。私は過去をあまり考えない未来志向だが、浩子は未来より過去のことをいつも引きずっている。

そのうち次第に二人の距離が離れ始め、浩子は啓介と美穂子が一緒に住む新井薬師のアパートへ行ってしまった。しばしの別居生活となる。

その時の浩子の冷ややかな手紙がある。

浩子の手紙

前略
俊介が病院に入院して以来二ヵ月になろうとしております。
さまざまな原因で入院せざるを得なかったこと、お互い何も言わなくともわかっていますね。しかし貴方サイドの気持ち、私サイドの気持ちのズレが、この二ヵ月間でわかって参りました。
周囲の見方は貴方に同情的だと思います。結婚以来何年間も！

子供たちが父親である貴方を一番よく理解しております。

だから、貴方の言うことは聞いても、母親の私には不安定なままうるさがられて口を開かなかったり、また反対に子供特有の勝手気ままな気持ちで都合の良い時だけ甘えたりしているのだと思います。

しかし、下二人の子供は二十歳を過ぎています。もう親がどうこう言うこともない時期でしょう。美穂子もいろいろなことがありました。啓介もこれから自分なりの人生を見つけようとしています。

我が家の経済状態は、美穂子も啓介もそれぞれなりにわかっているつもりのようです。それでも試行錯誤でこれからやっていこうとしています。父親の貴方ができる範囲でやればよいでしょう。我が家の経済については、私は何の異論もはさむ資格はありません。

母親の私の役目はとっくの昔に終わっております。

かえって病弱な（いろいろな意味での）母親が対処することによって、子供たちにマイナスになっていたようです。

本来なら、それを父親の貴方が子供たちに説得し、真の意味での弱者をフォローし、子供たちが大人としての態度を養うよう教育すべきだったのですが、我が家はどうもうまくいかなくて……。

俊介を中心にして美穂子、啓介、父親、母親、今、人生の節目に差しかかっております。それぞれが自立して生きていくために、自分自身頑張っていかなくてはなりません。私の病気も、神様が味方をしてくだされば、何とか一人で生きていくだけの力を与えてくださるでしょう。

重ねて言いますが、母親としての私の役目も終わったのでしょう。自閉症の俊介には特に終わらざるを得ない状況にあります。

その後には、あと何が残っているのでしょうか。

子供たちのことが終わったら、貴方とは果たしてやっていけるのでしょうか。貴方とは結婚当初から生き方、考え方は異なっておりました。そのため何度もぶつかり合い、離婚をも考えてきました。そのことはお互い本当に辛いことだったと思います（貴方のほうはあまり深く考えてきてない?)。

貴方はいつも結論を先に言えと迫ります。私は長々と経過を考え、語り、やっと結論に至る性格です。

全く正反対のタイプ同士が二十何年間よくぞ持ちこたえたものだと思います。

それはきっと、障害の子供を持つ親ゆえだったと思います。自分自身の家庭のことだけでも大変なのに、あなたは人様の揉め事に顔をつっこんだりして。しかし、もう終わりました。お互いあと何年生きられるかわかりませんが、それぞれの人生を歩むのも一つの道でしょう。

世間体、その他のさまざまな問題があるにしても、お互い元気で生きていられればたいしたことではないでしょう。

とにもかくにも、俊介への役割は終わりました。こうして二ヵ月間離れて暮らしていると、だんだん私の心が貴方から遠ざかっていくのが、自分自身でも怖いくらいです。子供のためとはいえ、情けない夫婦関係ですね。

家の前にある学童公園、天沼の社宅（元のまま）、善福寺公園、井草八幡神社、東京女子大、武蔵野病院、小茂坂、目白近くの聖母短大、早稲田大学、毎日お参りしている新井薬師寺院、地図を頼りにしてその他徒歩でいろいろなところに行きました。梅の季節、今度湯島天神に行こうと思っております。

啓介の今度のマンションはワンルーム、仕切りがないのであの子の性格ゆえ、あまり長くいられないと思います。横浜に帰っても、俊介はもちろん、美穂子にとっても今は母親の私がそばにいることはためになりません。贅沢が許されれば、私自身の住居を見つけ、第二の人生を過ごしていきたいと願っております。そのために倹約始末してきた理由の一つでもあったのですが、肝機能の値その他の病状が少しでも良くなれば、掃除のおばさんくらいの仕事もあるでしょう。ひっそりと地味に、残りの人生を精一杯生きて行きたいと考えております。

俊介のこと、しばらく大変でしょうが、健康に気をつけて頑張ってください。そして、貴方自身、良いパートナーを見つけて悔いのない、すばらしい楽しい人生を送ってください。そういえば忘れかけていましたけど、今年の二月で結婚二十五周年、銀婚式だったのですね。皮肉なことに人生の節目にこのような事態になったことに神様に感謝してよいのやら、どうやって……?

乱筆お許しください。

かしこ

一九九七年九月二十日

私はこの手紙を読んで強い衝撃を受けた。いつのまにか夫婦の間にこんな大きな溝ができてしまったのはどうしてなのだろう? 私に何か大きな落ち度があったのだろうか? 私は私なりに頑張ってきたのに、なぜこんなことになるのだろう?

しかし、私はそれ以上深く考えることはしなかった。おそらく彼女の心の病のゆえではないかと思ったせいもある。

今から思えばもう一歩彼女の深淵《しんえん》まで入り込み、真の心の有りようを理解すべきだったのだろう。

すさまじい入退院の日々

別居生活は約七ヵ月に及んだ。

しかし、いつまでも子供のアパートにいるわけにもいかず、浩子は自宅に戻ってきた。この頃、浩子の症状がおかしくなった。血小板の低下、肝機能数値の不安定、アンモニア値の上昇などが見られ、緊急の入院を繰り返すようになる。血小板の数値が異常に下がって体に紫斑《しはん》ができたり、気持ちが乱れたりした時は呼吸が苦しくなることもあった。そんな時は急いで救急車を呼んで病院に搬送《はんそう》したり、私が家にいない時は自分で救急車を呼んで入院した。そのような入院のあと、病院から私に電話がかかってくることも珍しくなかった。

私の手帳に記された入院記録は次のとおりである。すさまじいばかりの状況であったことがわかる。

一九九八年一月二日～二月三日（三十三日間）
三月三十日～四月二十日（二十二日間）
五月二十六日～六月三十日（三十六日間）
八月二十一日～九月二十五日（三十六日間）
十一月二十四日～十二月二十三日（三十日間）
一九九九年一月一日～二月十一日（四十二日間）
三月十八日～四月四日（十八日間）
六月二十五日～七月三日（九日間）
七月二十三日～八月六日（十五日間）
九月十五日～十月七日（二十三日間）
二〇〇〇年一月二日～一月十九日（十八日間）
三月二十三日～四月八日（十七日間）
四月十三日～七月十九日（三カ月）
八月十一日～十月四日（五十五日間）

十一月二十六日～十二月十六日（二十一日間）

この頃はいつも虎ノ門病院で、最初は熊田先生、途中から竹内先生、本庶先生が担当してくださった。

いつでもすぐに入院できるよう、入院時携帯品リストは手帳に書いてあったし、時には救急で入院することもあったが、それも全く慣れっこになってしまった。

しかも、病気の進行と重なるように精神的な不安定が高じてきて、うつと思われる言動が目立つようになってきた。

まず困ったのは、会社にいる私の携帯電話に何度も電話をしてくることであった。一日に五度も六度も長い電話が入る。会社にいる時はもちろん留守電にしているが、頻繁《ひんぱん》にかかってきていることはわかっているので、ある程度時間がたったところでまとめて留守電を聞く。そして、しばしば会社を抜け出し電話をするのだが、浩子の話は長いので、やりかけの仕事が気になってイライラしてしまう。

そればかりか、当時は経営企画室での仕事が忙しく、帰宅も夜遅くなることが多かった。

疲れて家へ帰ると、自分の体調不良のことや私への非難めいた話が延々と続く。最初は食事をしながら聞いているのだが、夜遅くなっても話は止まらない。そのうち、「いい加減に寝かしてほしい。明日も早いし」と言って寝ようとするが、なかなか許してくれない。そのうち泣き始めたりして収拾がつかなくなり、こっちが泣きたくなってくる。

娘の美穂子は次第に疲れはじめ、とうとう「家を出て、友達もたくさんいる大阪で働きたい」と言い出した。家事などは美穂子の助けを借りていたので、これは困ったことになったと思ったが、浩子のことで美穂子の精神状態が悪くなったら、これも困ることになる。

結局、私は美穂子の大阪行きを認めてしまった。美穂子がいなくても私ひとりでなんとかやれるかもしれないと考えたのだが、これは私の傲慢《ごうまん》さであった。

この判断が甘かったことを、すぐに思い知ることになる。

不思議なことに、浩子は入院している間は精神的にもほとんど問題はないし、医者もすぐそばにいてくれるので、私としては何も心配しなくていいわけで、入院するとやれやれという気持ちで仕事に打ち込むことができた。退院してくると次第に不安定になるし、ときどき夜遅くまで話を聞かないといけないし、会社には電話がかかってくるし、むしろ入院しているよりつらい状況だった。

この頃は、浩子が入院している間必死で仕事をし、退院してくるとなるべく早く家に帰るようにしていた。

この時期、私は経営企画室長として気の抜けない多忙な日々が続いていた。浩子のことも心配し、十分ケアしなくてはならないと考えていたが、ビジネスマンとしての責務もきちんと果たし、人に認められる成果をあげたいという自己実現に対する強い欲求もあった。それに、自分の家庭の問題を理由に中途半端な仕事はしたくないという自分に対するプライドもあった。

ただ、浩子が退院してきて、不安定になり、同じような話を何度も繰り返したり、自分の病気のことや私を責めることが続くと、ときどき限界を感じることもあった。

会社の仕事がピークの時、何度も電話が入ったり、急に入院ということで家に帰らなくてはならないことが何度も起きた。

なぜ自分がこのような目にあわなくてはならないのか、自閉症の俊介のことだけでも大変なのにと、思わず叫び出したくなる気持ちになったこともある。

ご近所にもたいへんお世話になった。おそらく周囲の人たちには〝変な奥さん〟というふうに見られていたと思う。その中で二軒隣に住んでいた宇賀さんの奥さん、そのもうひとつ先に住んでいた寺坂さんの奥さんには助けられた。特に、宇賀さんの奥さんには多分相当のご迷惑をおかけしたと思うが、大変に聡明な方で、いやな顔ひとつせず辛抱強く浩子の相手をしてくれていた。本当にありがたいことと感謝している。

ただ、この頃の私は、うつ病についての知識が十分ではなかった。そのため、ただひたすら耐え、引き起こされる問題への対応に追われるばかりであった。

今や、うつ病は一般的でありふれた病気であり、初期の段階で適切な手を打てば必ず回復する。治療法も格段に進歩しており、投薬によって短期間でよくなるケースもある。病気であることを家族ともども自覚すること、できるだけ早くできるかぎりの休息生活に入ること、などが求められる。

しかし、浩子の場合は、私も内科の医者もうつ病に気づくのが遅かった。

浩子が休息生活に入るには私の仕事も忙しく、彼女へのアシストが遅れてしまい、病気が長期間にわたってしまった。反省することは多く、また私のように苦い経験をしている人たちは山のようにいるだろう。

自分の限界がやってきたとき

一九九九年、私は取締役一歩手前の理事（役員待遇）となった。

そのため従業員社宅を出て、役員用の借上げ社宅である代々木のマンションに移ることになった。再びの引っ越しである。

ところが、引っ越しのまさに当日、浩子は心身ともに最悪の状況にあり、引っ越しの手伝いができるような状態ではなかった。引っ越し業者が朝から入って作業を進めてくれたが、昼頃になって浩子はお腹が痛いと言い出した。もうすぐ引っ越しが終わるので、それまで我慢しなさいと言ったが、どうしても病院へ行くと言ってきかない。しかたがないので手伝いに来ていた啓介に病院へ連れて行くように頼んだが、浩子は「啓介は何もわからないからあなたが来て」とせがむ。

しかたなく、引っ越し業者の人たちに「適当に荷物を搬入し、あとはその辺にダンボールごと置いておいて」と言いおいて、虎ノ門病院へ浩子を連れて行った。日曜日の急患で診察してくれた医者は、「血液検査の結果も悪いのですぐ入院するように」と言う。

入院の手続きをして浩子がベッドに入り少し落ち着いたので、代々木のマンションに帰った。時刻はすでに夜の七時半だった。

引っ越し業者の人たちは皆帰った後で、家の中はダンボールの山であった。七月二十三日、真夏の大変暑い時期だった。

私は当時、経営企画室と広報室を担当しており、きわめて多忙で夜遅くの帰宅であったが、しかたなく、毎夜少しずつダンボールの山を片づけていった。その整理にほぼ一ヵ月近くを要した。片づけながら「引っ越しの日、浩子が入院していなかったら業者の人にすべて整理してもらえたのに……」と情けなく自分が哀れでもあった。

ある夜、たまらず大阪の美穂子に電話した。

「みいちゃん元気か?」

「まあまあよ。お父さんはどうなの。お母さんは相変わらずなの?」

「お母さんはこの間また病院に入ってしまったよ。それもよりによって引っ越しの日に。今ね、まだ整理できていないダンボールの山に囲まれているんだ。お父さんはもう限界だ。帰ってきてくれないか」

「……わかった、ちょっと考える」

決めたらすぐ実行というのが美穂子の真骨頂《しんこっちょう》で、特に何も言わずに二週間後、東京へ戻ってきてくれた。あの時の救われた気持ちは今でも忘れない。

二〇〇〇年、俊介の幻聴が少し強くなり、さらに不安定となった。一人で自分の身の回りのことをするのも難しくなった。

それまでは私が毎日、朝と夕方、アパートに電話をして、薬を飲ませたり食事や風呂の確認をしたりしていたが、私からの電話に出なかったり、出ても上の空で言ったことをしなかったりし始めた。ボランティアで来てくれる施設の人たちとの会話もほとんどなくなった。

そこで、終始俊介のお世話をしてくれていた西尾さんと相談し、再び入院させることにした。俊介の入院は三月から八月までの五ヵ月間であった。今度の入院は前と同じく閉鎖病棟ではあったが、大変明るく清潔で看護師さんたちも親切だったため、俊介は気分良く生活できたようだ。同じ精神病院でも施設によってこれほどの落差があることには驚いた。

この間、浩子は虎ノ門病院に五回入院することになったが、四月から七月には消化器内科以外に精神科のお世話になった。気持ちが不安定なこともあるが、ときどき幻視幻覚めいたことが起こったからである。

アンモニア値も上昇することがあるので、担当の本庶先生が精密検査をしてくれた結果、肝臓に向かう血管にこぶができていて肝臓で解毒されずに身体にまわるため起こる症状とのことであった。このためカテーテルで上と下から管を入れ、そのこぶを切り取る手術〝シャントの手術〟をすることとなった。

手術は無事成功し、アンモニア値も下がり、幻視幻覚めいた症状は消えたものの、浩子の精神不安定はあまり改善しなかった。当然病院のカウンセラーにもかかり、それなりの対応はしたものの、入院中は全く問題なく安定しているのに、退院してくると元のもくあみという繰り返しであった。

ちなみに、俊介と浩子にかかる医療費等の負担は重かった。浩子の入院は約七年間という長期間に及ぶ。一年間の半分強が病院のお世話になっており、その入院代は馬鹿にならない。精神不安定な時は個室に入れざるを得ず、その時は一日一万円近くの出費になる。年間ざっと二百万円強の経済的負担であり、確定申告をして医療費控除の恩恵を受けても百五十万円はかかった。加えて俊介のアパート暮らしは家賃だけで年間百万円ぐらい、生活費も入れるとこちらのほうも二百万円近い。二人で毎年三百五十万円〜四百万円かかる計算になる。

しかし、生来の楽観主義者である私は、〝なんとかなるさ〟という気持ちで過ごしてきた。あとで振り返ると、その代わり日常の生活では随分切り詰めてきた面はあるが、これはこれでしかたがないことと思っている。

大切な人が困難と戦っている

年が明けて二〇〇一年。この年、私は極めて厳しい現実と直面させられることになる。

まず、私は母を亡くした。

私が東レに入社した翌年の一九七〇年、母は四十六歳のときに再婚をした。

相手は、母の生まれ育った象潟町の町長である。義父は十八代続いた秋田誉《あきたほまれ》という造り酒屋の跡取りではあったが、町長として政治にも熱心だった。母と再婚する三年前に、つれあいを亡くして一人身だったが、その長女が母のことを知って、自分の父にどうだろうかと言ってきたのがきっかけだという。

その年の年末、母から手紙が来て、「ある人からプロポーズをされていて断る理由がなくなり、子供が了解してくれたら結婚してもいい、お正月には子供たちが帰ってくるので話を聞いてほしいと言ってある」と言う。これは一大事とばかりに、元旦に秋田へ戻った。

四人兄弟が揃ったところに、後に義父になる池田誠五郎さんが顔を見せた。いろいろ世間話などして、少し区切りがついたところで、誠五郎さんは正座して「お母さんからお話をお聞きでしょうが、私は皆さんのお母さんが欲しいんです。私にお母さんをください」と言われた。その時の率直な態度に私は大変感動し、この人だったら母は幸せになるだろうと思って、すぐに賛成した。

ところが、あとの三兄弟は必ずしも素直に賛成ではないようで、少しグズグズしていた。私は、「母は母である前に一人の女性なんだから、その気持ちや彼女の人生を考えてやろう」と主張した。この問題をめぐって兄弟間でちょっとした軋轢も生じたが、結局、母は再婚することになった。

結婚してからは多忙を極める町長の夫をサポートし、家の商売に走りまわり、同窓会の会長をやり、と大忙しではあるがそれなりに充実した毎日だったようだ。「母は再婚して苦労したこともあったけれど、おおむね幸せだったのではないか」と今は思っている。

それから約二十年後、義父が急死したことに力を失くした母は少し認知症気味になり、その世話で義理の息子も大変だったようだ。しばらくして、私の兄弟が母の面倒をみるようになった。私は自分の家庭が大変であったこともあり何もできなかったことで、兄弟に大きな負い目を感じたものだ。

その母が長い病院生活の末、松戸の病院で亡くなったのは、二〇〇一年二月であった。最後は本当に疲れてしまったのだろう。そのため認知症になってしまったのかもしれない。病院で人工の管で食事を入れてもらいながら苦しい息をしている姿を見た時、「本当に長い間ご苦労さんだったね。もう頑張らなくてもいいよ。もう十分だよ」と思わず語りかけてしまった。

「あなたの汗と努力の結晶である息子たちは立派に育ったし、あなたの生きる姿を見ていて勇気と希望を得た人たちはたくさんいるし、とてもさわやかで素敵な人生だったと思うよ。そしてあなたは私にとって一番仲の良い女友達だった。安らかに眠ってください」

私は、そう心の中で祈るばかりだった。


一方、浩子は極めて不安定な状況に陥っていた。

二〇〇一年一月末に退院し、連日会社にいる私に電話で愁訴《しゅうそ》していた浩子は、二月八日に突然、「今、包丁を持っている。これでお腹を切って死にたい」と訴えてきた。びっくりして「すぐ帰るから、そのまま待ちなさい」と言って、急いで帰宅した。

帰ると浩子はベッドの中で包丁を握りしめていて、お腹に傷が何ヵ所もあり、血が流れていた。大急ぎで一一九番に「家内が包丁でお腹を切ったので救急車をお願いします」と連絡した。あっという間に救急車が来たのはいいが、代々木警察の刑事が三人も一緒に来て、部屋の中の写真をバチバチ撮り始める。あとからわかったことだが、私が浩子を刺したのではないかと疑ったようだ。

浩子の傷はためらい傷が十ヵ所ほどで、救急隊員は近くの東京医大に運ぶという。病院で手当てを受け一週間入院したが、これを機会に上京以来ずっとお世話になっていた虎ノ門病院から精神科の病院へ転院することにした。あちこち探しまわったが、うつ病治療では有名で、しかも自宅から歩いて十分ほどの所にある初台の関谷クリニックのお世話になることにした。

また今回の事件で、それまではごく一部の人にしか話をしていなかった家庭の事情を、私の所属する経営企画室のスタッフ全員に説明した。万が一の時、対応が遅れては悲劇となる可能性があり、自宅や病院から電話がきたら会議中でも呼び出してくれるように、皆に頼んだのである。

この時の私の気持ちは「こんな事件があっても、最悪の事態が起こる可能性はそれほどないのではないか」というものだった。本当に死にたいのなら、ビルの上から飛び降りたり、電車に飛び込んだりしたら、それでおしまいのはず。いつも「死にたい、死ぬぞ」と言っているうちは、なかなか死にはしない。いや、本当は死にたくない、と訴えているのではないか。

私はそのように考え、一縷《いちる》の望みを抱きながら、「そういうことは絶対してはならない、家族が悲しむし、皆が嘆く。きっと良くなる日が来るのだから希望を持とう」という雰囲気を浩子に感じさせなくてはならないという気持ちだった。

だが、その後の事件でこれは間違いだったことがわかることになる。

第7章

終わりなき、家族問題

出世と犬

二〇〇一年、私は東レの取締役に就任した。

事務系の同期ではトップの取締役就任であった。

このような家庭の状況で、よくここまできたものだと感慨深いものがないではなかったが、家族では浩子は何のことかよくわからない状況だし、報告する母親も亡くなっていた。

取締役になったので、代々木から目黒の社宅に変わることになった。今度は一戸建ての相当広い家である。今回の引越しは浩子の入院中にあたり、美穂子と二人で鼻歌まじりの楽な引っ越しであった。

その後退院してきた浩子は、美穂子と一緒に「亡くなったリュウの代わりに犬を飼いたい」と言い出した。リュウとは、以前飼っていた愛猫のこと。私たち家族は皆、犬と猫が大好きなのである。

私は正直なところ、猫より犬の世話のほうが大変だからあまり気が進まなかったが、リュウの死により、ペットロスの状態になっていた浩子のことを考えると、可愛い犬を飼ったら気分も晴れるかと思い二人に同意した。それに、私も大の犬好き。「本当に好きなもののためなら、苦労はいとわない」主義の私も、実は犬を飼いたかったのである。

さて、あちこち見て歩き、生まれたばかりで特に可愛く血統も良いシーズを手に入れた。美穂子はシェリーと名付けたが、飼ってみると、やんちゃでシェリーという雰囲気ではないので、亡くなったリュウにちなんで「リョウ」という平凡な名前に変えた。

一歳まではトイレがあるのにところかまわずおしっこをする。昼間は浩子が面倒を見なくてはならないのだが、本人はその頃はうつ状態で何もできない。カーペットや椅子の上が汚れて、犬なんか飼うんじゃなかったと後悔する。

一歳になると外できちんとトイレをするようになってホッとしたが、朝と夕方の散歩が大変だ。朝は私が連れて行くので問題ないが、夕方の散歩はときどき啓介がしてくれるもののの、だいたい私の役目になる。私が遅くなると深夜の散歩になる。土日私が朝から家にいると、リョウは私にまとわりついて離れず、早く外に連れて行けとせかす。駒沢公園まで連れて行くことにしていたが、その喜びようは大変なものだった。

激務と料理

取締役になってから、私は経営企画室長兼繊維本部を担当することになった。それは、激務の始まりでもあった。

経営会議、常務会、取締役会、副社長会、営業役員会、技術センター役員会、繊維本部役員会など、ともかく多くの全社会議に出席しなくてはならない。会議提出の資料のチェックと付帯意見の提出。議事録の作成、関連部署への連絡。毎日毎日が緊張の連続で夜も遅くなるし、土日出社の時もあった。

しかも、東レの業績が悪化を続けている時期でもあった。危機感を抱いた私は、経営企画室長としてスタッフとともに会社を立て直すための提案の作成も進めた。そして、かつてかかわったAPSなどの事業再建プロジェクトで培った知見も踏まえ、抜本的なリストラクチャリング施策を取りまとめて経営会議に上程した。

しかし、時期尚早でもあったのか、「ドラスチックにすぎる」と否定された。結局、その年度の連結決算は営業利益がわずか百八十八億円という東レの歴史上、滅多にない屈辱的決算となってしまった。経営企画室長としての責任を痛感する出来事であった。

こうして仕事に追われる毎日だったが、同時に家事のすべてを私がこなしていた。

約十年の間、私は食事を人に作ってもらったことはほとんどなかった。

自分の朝食は当然自分で作るが、浩子や俊介の分も作らねばならなかった。夜は会社から帰ってから用意するので大変だった。

もともと料理は嫌いではないし、こんな生活環境だったので、料理はほとんど何でも作れる。私の調理はスピード感にあふれる。何しろ時間がない。調理の他に掃除や洗濯、浩子や俊介の世話、買い物、留守の間に来た郵便物の受け取り、ペットの世話など大忙しの生活だからである。味噌汁を作りながら魚を焼き、野菜を切る。ものの十五分か二十分。少々手間のかかるものでも三〇分は絶対にかからない。

料理の本をよく読むのだが、こんなにも作り方があるのか、と思う。魚でも焼く、煮る、揚げるなど、調理のしかたによってさまざまなバリエーションがある。しかし料理の腕は持って生まれた才能によるところが大きく、頑張っても浩子や美穂子のレベルには届かない。

家の中は土曜日か日曜日にまとめて大掃除、週の真ん中頃に小掃除をするのだが、休日は朝起きると意を決して二時間ぐらい集中していっきにやる。

掃除をする前に汚れた衣服をまとめて洗濯機に放り込み、スイッチを入れる。部屋の片づけをし、掃除機をかけ、ゴミを出し、トイレ・バスの掃除、新聞雑誌の整理、布団・衣類の整理。それらがすんだら一週間分の食糧、日用品の買い物であるが、補充すべきものは気づくたび黒板に書いてあるので考える時間は必要ない。これらをなるべく午前中に片づける。この数年間、浩子はほとんど入院していたので、午後ないし次の日の休日には病院へ行かねばならないからだ。

それに私は運動が大好きで、体を動かさないとストレスが溜まるほうなので、チャンスさえあればゴルフに行きたかったため、家のことはなるべく一日ですませようと考えていたのである。

ただ、掃除や買い物は自分でコントロールできるが、浩子や俊介の担当医との面談、住民票、印鑑証明書などの手続きなどは多忙な会社のスケジュールとの調整が必要で、青息吐息であった。

最悪の一歩手前

こうして、私は多忙のなか、なんとか苦しい日々を乗り切っていた。

ところが、その忙しさに比例するかのように、浩子の病状は悪化していった。この年、浩子は今までで最多の八回の入院をすることになる。一年のほとんどが病院生活といってもいい状況だった。

そして、この年の十月、関谷クリニックに入院中の浩子が自宅に外泊で戻った時、最悪の事件が起こった。

午後二時ごろ、私の秘書の女性がメモを入れてきた。娘から電話があり、すぐ自宅に電話をしてくれと言う。

会議を抜け出し、美穂子に電話したところ「お父さん、お母さんが大変、すぐ帰ってきて！」と言う。

「どうしたんだ、何があったんだ」

「お母さんが手を切って血だらけになっている。私が台所に行ってみたら水で汚れていて、血が混じっていたので部屋をのぞいたらお母さんがひっくりかえっていたの」

「わかった、すぐ救急車を呼んで慶應病院に運ぶように言ってくれ。お父さんは家に帰っている時間がないのでまっすぐ病院へ向かうから」と言ってすぐ会社を出た。

日本橋の会社から信濃町の慶應病院まで車で約三十分。代々木の自宅から救急車ならノンストップで約十分だろう。しかし、慶應病院の救急外来に着いて待てども待てどもなかなか救急車は来ない。四十分ほどたってやっと到着したのだが、後で聞くと、救急隊員が浩子の止血に相当手間取ったという。

美穂子は仕事のため自宅を出ようとしていたが、何か様子が変だと思って台所を見て、異変に気がついたという。浩子は手首を切りしばらく出血するままにしていたが、のどが渇きどうしても水が飲みたくなって台所に行ったらしい。朦朧《もうろう》としていてコップが目に入らず、台所の桶の水をそのまま飲もうとして水をぶちまけてしまったらしい。

それにしても、もし美穂子がそのまま出かけていたら、浩子はそこで終わっていたかもしれない。救急治療室に運び込まれた浩子の、ずたずたになった手首の傷跡を十五針も縫う大手術が始まった。三時過ぎに始まった手術は九時になっても終わらず、その間、詳しい情報のないまま待合室で待つ私はただ途方に暮れ、自分の人生は終わったようなものだという深い絶望感の底にいた。

仮に今回浩子が助かっても、きっとまた何かが起きるだろう。何かの拍子でふらりと飛び込むかもしれないし、二十四時間監視できない以上、心の病が治らない限りそれを止める方法はないだろう。どうしたら彼女の病を治せるのだろう、おそらく私の力では無理なのではないのだろうか？

夜十時、七時間にも及ぶ手術がやっと終わった。最後は麻酔が切れ、浩子は相当苦しんだようだが、担当の若い医師も疲労困憊《ひろうこんぱい》の様子だった。

医者の説明を聞いているその時になって慶應病院にベットの空きがないことがわかり、「ここで収容するのは無理なので、現在入院中の病院へ戻ってほしい」と言われた。

しかたがないのでタクシーで関谷クリニックに連れて行くことになり、夜十二時ごろ到着すると、看護師は包帯でグルグル巻きになった浩子を見てびっくりしていた。

この直後の私は、ほとんど限界にきていたのかもしれない。何のために結婚したのか、何のためにこんなに苦労をしているのかと思い、これはいったい何なのだ、私の人生はどうなっているのだ、とほとんど自暴自棄の気持ちだった。

そんな気持ちを抱きながら数日が経った。そんな事件が起こっても朝は訪れ、夜は来る。会社の多忙な仕事は毎日続く。

浩子の手の傷は酷いが命に別状はない。そして、浩子は私に「ごめんな、お父さん、迷惑ばかりかけて」と心底情けなさそうに言う。

私の心も少し落ち着きを取り戻してきた。一番苦しんでいたのは浩子だろう、私ではない。それに彼女が悪いわけではない。病気が少し悪いほうへ傾いたのだ。

「何のために結婚したのか」「何のためにこんな苦労をしているのか」といった「何のため」という問題ではないのだ。

要は、自分が出会った人生であり、自分が選んだ人生なのだ。それなのにこんなに惨めになるなんて、それは私の生き方ではない。私はいつも、「必ず良い日が来る」という前向きな姿勢を持っていたはずだ。いや、絶対良い日は、笑い合える日は必ず来る。心細い心境になりながら、私はそう信じていたかった。

第8章

生きていてよかった

出世と回復

二〇〇一年度の屈辱的決算は、東レ経営陣に強い危機感を抱かせた。売上高一兆円を超える会社がわずか百八十八億円の営業利益しか出せなくなったのだから、深刻な事態である。そんな状況のなか、前田勝之助会長がCEOに復帰し、榊原社長と足並みを揃え経営改革に乗り出した。

まず、業績悪化の真因を探り、何が欠けているか、どう対応すべきか、一つひとつの課題を役員全員参加の会議で何度も議論し詰めていった。そして、全社員を結集するための意識改革、営業強化を目的とする営業改革、コスト競争力を強化するためのグローバル生産改革とトータルコスト改革、収益力アップのための事業構造改革などのアクションプランを策定していった。そのプランは、経営企画室長として提案した改革案と軌を一にするものであったのは、かつて否定されたとはいえわが意を得たりの思いもあった。

この改革が功を奏し、その後の東レの営業利益は急速に改善していったが、二〇〇三年六月、私は東レ経営研究所社長の辞令を受けることになる。これは、いささかショックな出来事だった。東レの歴史上、同期トップで取締役になった人物で副社長に就任しなかったケースは一度もなかった。にもかかわらず、取締役就任後わずか二年で社外に出されることになったのだ。「なぜだ？」と愕然《がくぜん》とさせられたものだ。ただ、もし私が関係会社に出るとしたら、そこしかないだろうという予想はしていた。

東レ経営研究所は二十年前に東レが六十周年を迎えた時、記念行事として設立されたシンクタンクで、調査研究事業と人材開発事業を中心とした会社である。どちらも私の好きな仕事であったし、社員三十名の他に特別研究員が二十名ほどいる中堅のシンクタンクでそれなりの実績もあり、私としては大変快適な職場と言える。

それになんと言っても私の家族にとって大変に助かったのは、泊まりがけの出張が少ないことと、何しろ会社のトップなので自分の都合で大事な会議やイベントのスケジュールが決められるということだ。この効果は大きかった。浩子や俊介のことで何かが起きれば、なんとかやりくりして対応できるからだ。浩子の調子が悪くなり、危ないと思うとすぐ帰ることができた。

この年の十二月の入院を最後に今日まで、浩子は病院のベッドにお世話になることがない生活が続いている。おそらく浩子にしてみれば、何かを訴えればすぐに動いてくれる私がいることを感じ、少しずつ回復の道を辿ったのではないだろうか。

そうだとすれば、東レという会社はなんという味のある人事をしてくれたことか。感謝したい気持ちでいっぱいである。いや、そうではないかもしれない。もうそろそろ治る時期だったのか、あるいは俊介が少し安定しだしたからなのか、本当のところはよくわからないが、ともかく我が家にやっと落ち着いた生活が戻ろうとしていた。

ここに、だいぶ元気になった浩子が二〇〇六年に書いた手記がある。

妻の手記――生きていてよかった

お父さんへ

今、夢から覚めたような気持ちです。ずいぶん長い間夢を見ていたような気がします。

この十年近く、いつも私はもがき苦しんでいたようです。本当のところ、この何年間かのことを私はよく覚えていません。毎日何か焦っていたような、あきらめていたような不思議な気持ちが続いていました。

どうしてこんなに混乱し、苦しみ、貴方に何かを訴えていたのでしょうか。

結婚した頃あんなにも輝き楽しい日々が続いていたのに……。

もともとは俊介のことだったのではないかと思います。

結婚生活の初期の段階で私は「自閉症の子を持つ親」という重荷を背負ってしまいました。何の苦労もなく、幸せな時代を過ごしてきた私にとっては大変重い荷物でした。それでも私は若く、前向きでした。三人の子供を貴方の力を借りることなく一人で育ててきました。大きな壁となって私の前に立ちはだかったのは、やはり肝臓病で入院してからです。子供があんなに小さいのに、三人もいるのに、私は三年間も入院を余儀なくされました。私はそれまでこの家庭を一人で支えようと思ってきましたし、これからもずっとそうしようと思っていたのに、あんな病気になってしまいました。

貴方が仕事でとても忙しいのに、子供が小さいのに、私はずっと病院で、主婦の役目もまっとうできずに、ただ寝ていたのです。それなのに貴方は平然として時に嬉々として仕事のみならず家事までこなし、私の世話もしてくれました。それは何もできない私にとってどんなにつらいことであったのか、貴方は理解できるでしょうか。

それだけではないのです。貴方は自分の生活だけでも大変なのに、家族以外の人たちにも親身になって相談に乗り、時間を割き、まるで自分の家族のように接していました。どうして他の人たちにまで手をさしのべるのか、私には理解ができませんでした。そういう貴方を見ていると、私のことは貴方にとって多くのことの一つと考えているのではと思い始め、なんだかとてもみじめな気持ちになっていきました。

それでも三年の入院生活のあと、私の体も少し回復し、気力が出始め、また楽しい生活が始まりました。

でも東京へ来てしばらくしてまた体調を崩し、心の調子まで崩してしまいました。初期の段階で適切な処置をしておけばよかったのに、放置してしまいどんどん悪くなり厭世的《えんせいてき》な人間になっていきました。

正直言ってこの数年間、私がどんな状況だったのかよく覚えていません。ただ、会社にいる貴方によく電話していたこと、悲観的になって何度も死のうと思ったことをよく覚えています。自分の人生の不幸は、貴方と結婚したことにあるのではないかと思うようになった時期もありました。仕事もきちんとこなし、家庭のこともきちんとやる理想的な夫が重荷になるなんて、よそ様からみたら贅沢な悩みだと思われるかもしれませんが、私は自分が幸せだったのか不幸だったのかよくわかりません。

でも、最近少し元気になって、そうです、夢から覚めたのです。

そして生きていてよかった、こんな家族に恵まれて本当によかったと思うようになりました。長い間背中に担いでいた重荷を肩からおろせそうです。私は今とても幸せです。だんだん普通の生活ができるようになっているからです。俊介も啓介も美穂子もペルもリョウもいるからです。そして貴方もいるからです。

私は自分の人生は五十歳か六十歳までかと思っていました。病気のせいで、私は自分の実際の歳に二十歳加えたのが自分の肉体年齢だと考えていました。早く死にたいとも思っていました。でも、今はもう少し生きたいと思っています。もしかしたら今までより少し軽やかな気持ちの生活ができるかな、と考え始めたのです。

私たちは旅行に行ったり、趣味を共有したりしたことはほとんどありませんでしたね。今の生活は全く平凡な生活で、よそ様から見たらなんの面白味もない人生と映るかもしれません。でも、私はとても幸せです。普通の生活ができるということがこんなに幸せなことなのかと、今心から思います。

生きていてよかったと。

「できないこと」を「できること」にする

妻が苦しんでいた時期、俊介はずっとアパートでひとり暮らしをしていた。

俊介は毎朝、仲町台のワークアシスト（自閉症者の就労援助施設）に顔を出し、そのスタッフから二千円の食費をもらうことになっていた。彼はそれで弁当とジュースなどを買うわけだが、弁当は自分の好きなものだけ買うし、ジュースは異常に好きで、食事を抑えてでもジュース代にお金をまわすことがたびたびだった。そのような生活をしているうちに、体重が増えていった。

私はウイークデーは俊介に毎日朝夕に電話をかけ、食事・薬・入浴などのチェックをし、土日のどちらかはマンションに出かけて掃除をし、衣服の点検や日用品の不足分の補充などをし、一週間分のゴミを家に持ち帰るという生活をしてきた。しかし太ってきた俊介の健康状態を考え、二〇〇三年、十年ぶりに自宅に戻すことにした。

自宅に戻った俊介は、月に一回内山先生の診察に行くだけで、本を読んだり幻聴と話をしたりする生活である。

浩子のことで精一杯で、俊介のことまで手が回らない時期もあったが、浩子が落ち着いてきてからは俊介の就業についても真剣に探すようになった。そして、週に三日、ワークステーションという自閉症者の作業場へ通い、新聞のチラシを挟んだりボールペンの組み立てをしたりといった軽作業をしている。あとは依然として一日中聞こえてくる幻聴を相手に自分の部屋に閉じこもっていることが多い。

最近、ワークステーションの単純な作業に飽きてきて、もっと別な仕事をしたいと言い出したので、自閉症者発達支援室の力を借りて、彼の好みにあった仕事を見つけようとしているところである。

もちろん、それはなかなか容易ではないのが実情だ。しかし、私は自閉症者も働くことができると確信している。実際、自閉症の人でも働いている人はたくさんいる。

ただし、自閉症の人は「できること」「できないこと」「得意なこと」「不得意なこと」がはっきりしている。比較的得意な仕事は、形や量がはっきり決まった仕事——たとえば部品の組み立て、パンなどの成型、梱包、物品の仕分け、分類、ワープロなど。一方、抽象的概念などを扱う仕事、形や量が決まっていないもの、終わりや目的のはっきりしない仕事は苦手である。

たとえば、掃除は苦手なことのひとつである。「きれいにする」ことがその目的だが、どこからが「きれい」で、どこまでが「きたない」のか明確ではないからだ。しかし、「撒いた水を全部拭き取ったらおしまい」という形にすれば仕事はしやすくなる。その点、非常に参考になるのが『日本でいちばん大切にしたい会社』（坂本光司著、あさ出版）で広く知られるようになったチョーク製造会社、日本理化学工業である。この会社では、五十年以上も前から知的障害者雇用に取り組んできたが、すべての工程を知的障害者が「できる」ように改善を加えてきた。たとえば、知的障害者は数字を理解することができないために、チョークに混合する材料を計量する仕事が苦手だ。そこで、彼らが色の識別ができることに着目して、オモリに色を塗ることで彼らにも計量できるように工夫したのだ。このように、「やり方」に工夫を加えることによって知的な障害をもつ人にもできるようになる仕事はたくさんあるはずだ。

将来的には、俊介のような高機能自閉症者のグループホームのようなところに入所できればいいと考えており、そこで彼らが得意とする仕事をつくるのが理想だ。そのために何をしたらよいのか、模索しているところである。

成長した子どもたち

一時期、家族から少し距離を置いていた啓介だったが、実は、彼ほど心優しい男はいない。そのことに気づいたのは、俊介の啓介に対する態度である。

俊介は多くの本を読み、いろいろ考え、それを誰かに話さないと落ち着かないという時期が続いた。最初の頃は、その対象は母親であり、次は父親の私であった。その後、ワークアシストのスタッフへと変わったが、ある時期からその話しかけを止めてしまった。話をすることがなくなったのか、飽きたのか、と思っていたがそうではなかった。というのは、啓介に対しては今でも、「いつ時間があるの？」「いつ話ができるの？」と聞くのである。

正直に言うと、息子と言えども、俊介の話はやや常識とは違う世界にあり、繰り返し同じ話が出てくるので聞くことに相当な努力を要する。ところが、啓介にはその俊介の話したいことを上手に引き出す能力がある。俊介と話をするには相当な忍耐力がいるし、父親の私でも「もう勘弁して」というところがあるのに、啓介は平気である。聞く側の気持ちは相手に伝わるのだろう。俊介はいつも啓介をつかまえて話をしたがる。そして、啓介には俊介の話を聞いてやれる忍耐力と愛情がある。

啓介は自閉症がどんな障害か、正確には認識してはいなかったはずである。しかし、自分の兄として包み込む愛情と、信頼と、大袈裟《おおげさ》に言うと尊敬さえあるのではないかと感じることがある。兄弟とは何か、兄弟愛とは何か、私は自分とは違った目で啓介を見ることがある。この障害を持つ兄に対する啓介の感情は、母親に対する愛情にも見られる。

それに、十年以上も両親と離れて自分のペースで生活をしていた啓介が、母親のことを心配して自宅に戻ってきてくれた時期もあった。

普段は自分のことだけを考えているように見える啓介が、母親が本当に苦しんだり悩んだりしている時、話し相手になったり、病院へ連れて行ったり、私が仕事で手がまわらない時に代わって行動したりしてくれた。ある時から浩子のアシスト役は美穂子から啓介に移った。私はこの二人の子供たちを本当に大切な存在と感じている。幸せなことである。

次男の手記——家族を想い続けるということ（二〇〇六年五月）

僕は大学に入ってからずっと親元から離れた生活をしていました。確かに家族との生活は温かいし、居心地のよいところもありますが、また逆に、ちょっと面倒なところもあるからです。

僕は小さい頃は「きっちり啓ちゃん」と言われるほど身の回りをきれいにしていたし、よく勉強するなど優等生的なところがありましたが、ある時、そういう生活がちょっと窮屈に思えるようになり、自分ひとりの自由な生活をしてみたいと思いだし、大学の時に家から離れることにしたのです。

母はストレスに弱く不安定なところがあるのは、僕が小さい頃からのことでしたから、いつも妹と心配していました。父は忙しいこともあり、そのことに気がついていなかったと思います。父は明るく前向きなのはいいのですが、母の弱さというか、繊細なところをあまり理解していなかったのではないかと思います。長い間、両親の許から離れて生活しているうち、母の状態はどんどん悪化していって、父は相当な苦労をしていたようです。

ある時、母が僕のアパートに来て、父と別居したことがありますが、これは困ったことになったなとずいぶん心配しました。何ヵ月かして、父のところへ戻ったのですが、母の様子に改善はみられないどころか、何度も大変なことが起こってしまいました。息子の自分としても放っておけない、このままでは両親は共倒れになってしまうかもしれないと感じて、家に戻る決心をしました。

家に帰ってみると事態は考えていたより酷い状況で、よく今までこの家はもっていたものだと感心したくらいです。

その後、僕がアシストしても、母の状態はあまりよくならないものの、母は僕がそばにいると大変うれしいらしく、僕と話をすることが大変楽しいようです。昔厳しかった母ですが、今は、僕を頼りにする少し甘えた年上の女性という感じを受けます。

母のことを、そして兄のことをアシストする中で、家族の絆のようなものが強くなってきたのだと感じています。具体的に何ができるのか、どういう方法がよいのか考えることは、もちろん必要ですが、一番大切なのは、どれだけ母を、兄を、家族を想い続けられるかということでしょう。それが「愛情」であると確信しています。相手を想う気持ちがあって初めて、何をすればいいか、そしてたゆまぬ努力が生きてくるのです。

このことは、僕にとって、家族以外の人と接する時の礎《いしずえ》ともなっています。「どうしたら、うまく人と接していけるのか」とよく言いますが、その方法を考えるより、まず、どれだけその人のことを想えるかが大切だと思うようになりました。

この頃少し母に元気が戻ってきました。よくぞ立ち直ったものだと感慨深いものがあります。その理由のひとつは、父の家族愛ではないかと思っています。この頃、母が十年ぶりくらいに家事ができるようになってきたのは、本当にうれしいことです。

長い間、暗闇の中でもがき苦しんだ母が、ようやくその暗闇から一歩踏み出そうとしているのです。光り輝く自由な世界に舞い戻るステージを歩き出したわけですが、これから歩んでいく世界は、母にとっては、ある意味、未知の世界と言えます。これから乗り越えるべき壁がいくつもあるはずです。これから、そこにいかに順応していくか、そのための協力は惜しみません。

両親が綱島に引っ越したのを契機に、僕はまた独りで生活することにしましたが、実家から歩いて数分のアパートです。今まで通りとはいきませんが、母にとって居心地の良い環境を作るため、できる限りのことをしようと思っています。

最近、ときどき、母の様子を見に行っていますが、以前に比べればはるかに元気そうで、今のところはほっとしています。

ややゴツゴツした感じのする女の子だった美穂子が成長するにつれ、気配りができ、人の気持ちのわかる、それでいて自己主張の明確な「いい女」になってきた。私は美穂子に対しては、高校生の頃から一人の大人として対応してきた。二人で食事をしたり、お酒を飲んだりする。会話の内容はほとんど親子のそれではない。

仕事のこと、浩子のことなど、たいていのことはオープンに話をしあう。二人（最近は浩子も入れて三人）でよく行く「かさね」という大変おいしい宮崎料理のお店が赤坂にあって、そこの大将は最初に美穂子と行った時、二人の会話を聞いて「本当に親子ですか？」と聞いてきたことがある。その店の真弓ちゃんというとても気立ての良い女性は、美穂子の大の仲良しで私と三人で食事をしたり、彼女が我が家へ泊まったりもしている。

美穂子は今エステの仕事に没入している。以前は私の頼みを聞いてアルバイト勤めにして、家の手伝いをしてくれていたが、その後、美穂子は中目黒に自分のエステの店を開き、一人でエステ経営に乗り出した。試行錯誤しながらも二号店を出すなど、元気に頑張っている。

そんな美穂子が、我が家の歴史を次のような手記にまとめている。

長女の手記——私の家庭は

私の家はかなりユニークな家族です。父も母も少し変わっていますし、私たち兄弟も長男が自閉症ですからもちろん普通の人とは違いますが、私のすぐ上の兄も私も少し変わった性格かな、と思います。父と母の難しい関係は小さい頃から知っていましたし、こんなに性格の違う二人が結婚するなんて私には考えられませんでした。

でも、父は母を、母は父をとても大事にしていたと思います。

確かに、父は明るく前向きで社交性もあるのに、母はどちらかといえばマイナス思考で人とのつきあいも苦手ですが、それでも一般の夫婦よりは二人はずっと仲がいいと感じていました。

父は未来志向、母は過去志向、そして私は父に似ています。

父も母も子供のことをうるさく教育することもなく、私はどちらかと言えばのびのびと育ったと思います。私が中学のとき単身赴任の父に出した手紙がありますが、今改めて読んでみると自分の育った環境を感謝してもいいのかなと思ったりします。

小学校の頃母が入院していたことなどは、私にとってさほど大きな問題ではありませんでした。父も私も少しぐらいの不自由さや、困難など気にかけない方でしたから。

私は小さい頃から父と一緒に家事をしていました。料理は特別得意で、いつも父は「みいちゃんの作った料理はうまい、君は天才だ！」と褒めてくれましたし、私も自信を持っています。

私は一時期、自分のまわりの人間関係のわずらわしさと母の精神的不安定さに疲れて、大阪で一人暮らしを始めたことがあります。その時はさすがに家のことが心配でした。私は会社のことはよく知りませんが、父の仕事も忙しかったし、それなりに重要なポストにいたようです。

何年か経ってから代々木に引っ越したばかりの父から、「部屋中ダンボールの山だよ。お父さんは限界だから、東京に帰ってきてほしい」という電話をもらった時は、すぐ家に戻ることに決めました。その頃父は、母のことで他の人には真似できないくらい大変な生活を送っていました。

その姿を見て私はできるだけこの家のサポート役になろうと思い、仕事もアルバイトにしてもらいました。仕事に週三日行き、あとは家事の手伝いをするようにしました。家事のことはいいのですが、母の世話は正直私の手に負えるものではなく、もっぱら父が対応していました。

その後、私は仕事が面白くなり、アルバイトから社員になり毎日家を空けることになりましたが、母のことは父しか対応できない状況でもありましたから、しかたがないと考えていました。その代わり、俊ちゃんを病院に連れて行くことなどに協力してきました。

私はわりあい家族のことでも客観的にとらえる傾向がありますが、そんな私でも父の生き方・対応は常人の域を超えていると思いました。

生活の、つまり物理的対応ができる人はたくさんいますが、母のようなうつ病——わかるでしょうか、傍目から見るとそんなことはどうでもいいではないか、ということを何時間でも何回でも話すのを聞いてあげる、時には夜遅くまででもそれにつきあう忍耐力は普通の人にはなかなかありません。

それに父は家族を愛していましたし、特に私のことについて口出しはしないのですが、深い愛情を持って見守ってくれていました。私を本当に愛してくれ、私の行動はすべて理解し、許してくれていました。私の悩み事にも、私のトラブルについても、いつも冷静に包み込むような愛情で対応してくれました。

私は父と二人でよく食事に行き、好きなお酒を二人で、時には私の友達と一緒に飲むのですが、そんな時、父はいろいろな話をしてくれますし、私の話もよく聞いてくれます。父は話し出すとその話題以外、社会のさまざまな例を引き合いに出し、人の生き方とか生きる意味など、自分の体験に基づいた信念を話してくれます。父を好きだった女性のことも、私は少し知っています。

でもそれは、私には理解できます。父は人としての生き方に信念もあり、説得力もあり、人に対する愛情が相手に伝わっていくからです。

父は仕事もそこそこできたようです。仕事に対する執着心は並々ならぬものがありましたし、仕事に愛情を持たない人や、いい加減な気持ちで対応している人にはかなり手厳しいことを言ってましたから。

母は私と性格は全く違い、血液型はA型、几帳面で曲がったことは大嫌い。自分にも厳しいのですが、他人にも厳しい人です。決められたことをきちんとするのがモットーで、父や私のように意外性や出会い頭の行動はできない人です。母にとっては父と一緒になったのは、ある意味で不幸であったかもしれません。でも、私が小さい時は家族五人でいつも仲良く山へ行ったり、遊園地に行ったり、最近でも父と母と三人で食事に出かけたり、性格は違ってもとても仲の良い家族です。

この十年間、私の家ではさまざまな事件が起こり、平和な時は少なかったと思います。

昨年の十二月末、私たち家族は久しぶりに温泉へ行き、十年ぶりに楽しい旅行となりました。母が少し昔の母に戻ったからです。

今年のお正月は、今までにない平穏なお正月になりました。

神様に感謝したい気持ちです。

そして、父には努力賞をあげたいです。

二〇〇六年十月二十二日
美穂子

第9章

家族が再び息を吹きかえすには?

仕事量と病状回復が比例する

浩子は確実に快方に向かっていた。

同じことを繰り返して言うこともなくなったし、「死にたい」ということも言わなくなった。夜いつまでも起きていることもなくなったし、以前のように会社に電話をかけてくることもなくなった。

とはいえ、長い間うつ病を患っていたこともあり、そう簡単に完全には元に戻れたわけではなかった。

やはり家事はできなかったから、私は依然として買い物をしたり朝夕の食事をつくる生活を続けていた。抗うつ剤のせいか昼でも寝ていることが多く、夜もテレビを見ながら眠ってしまうことが多かったのだ。

ところが、ある日、私の携帯に彼女から電話があり、「今日は私が料理を作るから何も買ってこなくていいですよ」と言う。

もう十年以上手料理をしたことがなく、私は、妻は二度と料理を作れないのではないかと半ば諦めかけていたので、大変驚いた。

その夜は、十年ぶりで浩子の手料理を食べた。

もちろん、まだ家の掃除をしたり洗濯をすることは難しいが、少なくとも料理だけは完全に昔の腕前に戻ったのだ。

かつては新聞や雑誌などを読むこともなかったが、最近は二つの新聞を隅から隅まで読むようになり、また書店で推理小説やエッセーなどを買ってきては読んでいる。

さらに犬の散歩である。朝は私が、夕方は浩子がするようになった。以前は、夜の散歩も私の仕事で、夜遅く帰宅した時など結構辛かったが、今はその必要がない。

長い病院生活と運動不足などのため少し太っていた浩子の体重は、毎日一時間ほど散歩する習慣ができたせいもあって、十キロほど痩せて昔の体重に戻ってきた。

ときどき昔入院していた時の友達を誘っては出かけるようにもなった。

二〇〇九年二月に東京フォーラムで開催された「ワークライフバランスフェスタ2009東京」の基調対談とパネルディスカッションに私が出演した時には、会場にひょっこり浩子が顔を見せた。これにはびっくりもし、うれしくもあった。

この日のイベントのパンフレットを家の机の上に置いてあったのを見て、一人で出かけてきたのだ。

事務局の人が一番前に座らせてくれ、司会の渡辺真理さんが、「奥さま、大丈夫ですか」と声をかけた時には、会場がおおいに沸いたものだった。

そして、現在、浩子はうつ病からほぼ立ち直ったと言ってもいい状態だ。かつて元気だった頃の彼女より、さらに快活に生きるその姿に私は感動すら覚える。

啓介は、そんな浩子に次のような手紙を送っている。

お母さんへ

ご無沙汰していますが、元気にしていますか？

「便りがないのは、元気な証拠」と言いますが、お母さんの場合はまさにそれが当てはまりますね。今は、ある意味で生まれ変わり、昔とは別人のように活き活きとした日々を過ごしているようで安心しています。けれど、あのころのお母さんは別人でした。携帯電話に見知らぬ番号から電話があるたびに、「今度はどこの病院からだろう？」と、不安になったものです。

数年前、まだお母さんが「暗闇」のどん底にいる時、お父さんから「啓ちゃん、自宅に帰ってきてくれないか」という頼みがありました。十年ぶりに一緒に過ごした数年間の日々は、僕の中で忘れることのない人生の一節です。

お母さんが何を思い、何を考え、そしてどれだけの苦しみを味わっていたか。僕は、それを目の前で共に考え、共に感じることができました。その時は、出口の見えない袋小路のなかで、絶望感に陥ることもありました。お互い本当に「暗くて、深かった」よね。

でもね、僕は一度だってあきらめたことはなかったよ。だって、光の差さない人生なんてことはないんだから。

「希望があるから、人は生きていける」。実は、これ、お母さんに教えてもらったことだよ。暗闇のなかで、一筋の光を探して必死にもがいているお母さんを見て、生きることの大切さを知りました。

そして、もう一つ、お母さんとお父さんにとても大切なことを教えてもらいました。それは、家族の愛情です。僕が、お母さんとそれに苦悩するお父さんを助けてあげたいと思い続けられたのは、いやいや、お父さんとお母さんだけでない、僕のまわりにいる人達に、損得を抜きにした思いやりを示すことができるようになったのは、僕がお父さんとお母さんから、あふれるばかりの愛情を受け続けたからだと思います。

だから、どんな暗闇にいたとしても、きっといつかは乗り越えられると思う。一人ではない、孤独ではないといった思いがあれば、人って、どんな状況の中でも前に向かって歩いていけるという信念を持つことができました。

お母さんが良くなったのはとてもうれしいことですが、あまり油断しないでくださいね。

光り輝くステージの上で、新たな人生を踏み出し満喫することを心より願っています。

では、また！

啓介より

動物セラピー

悲しいこともあった。

二〇〇九年二月十九日、我が家の愛猫ペルが永眠したのだ。

一九八七年生まれだから人間でいうと百歳である。この年には、私たちはまだ大阪豊中に住んでいた。その後、我が家は荻窪、保土ヶ谷、代々木、目黒、そして綱島と引っ越したが、ペルはその間、我が家の歴史をつぶさに見てきた。

二月二十日午前中、家族全員が仕事を休み、ペルのお葬式をした。

動物であっても、これだけ家族同様に暮らしてきていると、その死は悲しいものである。

私たちがつらい時、悲しい時、彼にどれほど癒され、心の支えになってくれたかわからない。浩子は、「ペルはずっと私のことを心配してきて、やっと私が回復したのを見届けて、安心してあの世に行ってしまったのだわ」と言っている。

そんな浩子から、うれしい手紙をもらった。少し気恥ずかしいところもあるが、彼女の回復が何よりもうれしく、心に沁みる。

貴方が研修のため三日間も家を留守にするのは珍しいことですね。

せっかくの機会なので、何年ぶりかで貴方に手紙を書くことにしました。

今朝も、日課にしている一時間の早足での散歩をしてきました。こうしたことを続けたおかげで、八ヵ月で体重が十キロも減り、とても体が軽くなってうれしいです。夕食は美穂子と二人で作り、楽しくおしゃべりしながらいただきました。

昨日は何年ぶりかで「横浜市自閉症親の会」に出て、障害支援センターの方のお話を聞き、俊介のことをゆっくり考える時間が持てました。ここ何年かは、彼のことなど考えたことありませんでした。

先週、美穂子と自由が丘へ買い物に出かけ、素敵な洋服を何着か買ったこと言いましたかしら。買い物のあと美穂子と食事しましたが、こんなに楽しいことは何年振りのことでしょう。

二十年間もの長い間、肝硬変に加え、うつ病に苦しみ、もがき、出口のないトンネルの中に入ったままの日々が続きました。ときどき「自分の人生はこれで終わるのではないか」と思えることもありました。そうです、いつも死ぬのではないかという恐怖がありました。最近の私の変化は、本当に奇跡が起こったようなものです。人の力を超えた大きな力が私を健康な心に戻してくれたようです。

貴方の献身的な私への対応は、一時期揺らいだ妻としての自信を取り戻させてくれました。もちろん、貴方への不信感も消えつつあります。

啓介には母親である私への冷静な愛情溢れる思いやりがあり、美穂子は幼い頃から家事をしながら、精神的にも弱い私を見守り続けてくれましたが、こうしたことがこの奇跡を起こしてくれたのだろうと思います。

私のような肉体的にも精神的にも弱い女を立ち直らせてくれたのは、いつもあきらめないで支援してくれた貴方たち家族の無償の愛だと思っております。

本当に言葉では言い尽くせないくらい感謝の気持ちがいっぱいで、今日一日の生きる喜びをかみしめています。

そして、逆説的になるかもしれませんが、私たちにとって人生最大のプレゼントは自閉症の俊介かもしれません。俊介の存在は、生きるとはどういうことなのか、私と私たち家族に教えてくれました。

当たり前であることの素晴らしさ、尊さ、人が生きるということは、人を愛することはどういうことなのかを教えてくれました。

私はこうしたさまざまな試練やふれあいがなかったならば、これほどまでの感謝の気持ちを持つことはなかったのではないかと思います。

今度の休日は久しぶりに横浜で映画でも観ませんか？　もう何年も観ていませんよね。

浩子

第10章 人は変わることはできるのか？

〝悲劇のヒーロー〟に誰もがなりたがる

妻が回復をした理由は、彼女が背負っていた重荷を下ろしたからではないだろうか。私はそんなふうに考えている。

そもそも妻がうつ病になったのは、肝臓病の発症が原因だった。妻は、かつて手術を受けた際に注射針から感染したと推定されるB型肝炎のキャリアだった。医師からは注意するように言われていたが、私は元来、楽観的な性格なので、妻が肝炎を発症するとは考えていなかった。おそらく彼女も同じだったと思う。

ところが、妻は本当に急性肝炎を発症して入院してしまったのである。一九八四年、私が繊維企画管理部の課長として赤字だった繊維事業の再構築に奔走していた時期である。

肝炎を発症すると、体がだるくて何もできなくなってしまう。妻はもともと完璧主義者で、家事も料理も完璧にこなしていたし、三人の子供の世話もひとりでこなしていた。その妻が、病院のベッドから動けなくなってしまったのだ。彼女にすれば、まったく不本意なことだったはずである。

その後の三年間、妻は肝炎で五回もの入退院を繰り返すことになる。私は、「そのうちなんとかなるさ」という楽観的な考えで、妻に代わって子供たちの世話をするようになった。もちろん、仕事との両立は大変なことだったが、私はそれをあまり苦に思わなかった。子供たちと過ごす時間が楽しいということもあったが、家族のリーダーである夫として、そうするのが当然だと考えていたのである。

いや、いまになって、当時を振り返ってみると、私にはもっと別の感情があったのかもしれない。

悲劇のヒーロー――。

病気の妻を抱え、激務をこなしながら三人の小さな子供たちの世話に奔走する、悲劇の主人公。私には、そんな意識があったかもしれない。

しかし、「そのうちなんとかなる」という楽観的な予想は、大間違いだった。肝炎が一進一退の経過をたどるうちに、妻はうつ病を併発してしまったのである。家族の世話をできないこと、私に大きな負担をかけていることを気に病んだのが原因である。いや、もっと言えば、自分が身動きが取れないというのに、ある意味で嬉々として家事をこなしている夫、すなわち私の態度が、彼女を苦しめていたのかもしれない。

自分がいなくても、夫の活躍によって家庭が何の不都合もなく回っていくのであれば、いったい私の人生とは何なのか、何の意味があるのか。病院のベッドの上で、妻はそう煩《はん》悶《もん》したかもしれない。そして、妻にそんな思いを抱かせたのは、悲劇のヒーロー気取りで家事も仕事も完璧にこなし、たったひとりで家族を支えている気になっていた私だったのかもしれないのだ。

そして、事態は最悪の方向へと転がって行った。

うつ病を発症してから、妻は、何度も「死にたい」と口走るようになっていた。

「うつ病も治らないし、どうせいずれは肝硬変で死ぬんだから、こうして生きていても甲斐がない」

毎日のようにこんなセリフを聞かされていたので、私も慣れっこになってしまい、彼女が本当に死にたがっているとは思っていなかった。もし、本当に命を絶ちたいのであれば、高いところから飛び降りるのが一番確実だと思うが、妻が飛び降り自殺を企図したことは一度もなかったからである。

ところが二〇〇一年、私が同期のトップを切って取締役待遇の経営企画室長に就任したとき、妻は一回目の自殺未遂を決行した。幸いにしてためらい傷程度で命に別状はなかったが、出世街道を驀進《まいしん》中だった私は本当に大変な思いをした。

妻は、肝硬変に重ねてうつ病を発症してから、数えてみると四十三回も入退院を繰り返したのだが、三回に一回は救急車を呼ぶ騒ぎになる。その都度、私は仕事を中断して病院に駆けつけねばならなかった。

日常生活でも大変なことは多かった。うつ病患者の特徴なのか、妻は毎晩のように同じことを何度も繰り返し訴えるのである。それを忍耐強く聞かねばならなかった。娘の美穂子は「お父さん、よくがまんして聴いていたね」と言うが、仕事を終えてくたくたになって帰宅した後、妻の繰り言に付き合わされるのはまったくもって大変なことであった。

私は人の面倒を見るのが好きで、実際に知人や部下の面倒をよく見た。

私の部下のひとりに、交際していた女性との関係にきちんとケリをつけないまま、別の女性と結婚した男がいた。私は親身になってその部下の相談に乗り、支援の手をさしのべたのだが、妻には私のそうした行為が信じられなかったらしい。

「あなたがあの人の面倒を見たということは、あなた自身がそういう行為を認めたということになるのですよ。そんなこと、私は許せません！」

潔癖症の妻はこう言って、何度も何度も私を責めたてた。

ある時、仕事を終えて家に帰ってみると、ドアの内鍵だけでなく窓の鍵まですべて閉まっていたことがあった。これでは、家の中に入ることができない。よくよく見てみると、私のスーツが外に放り出してある。私に嫌悪感を持った妻が、いわば「籠城《ろうじょう》」をしてしまったわけである。

妻は、閉じたドアの向こう側から、「あなたとはもう一緒に居たくないから、俊介のアパートに行って下さい」という。

しかたなしに長男のアパートに向かったが、夕食を食べていないからお腹が空いてしかたがない。途中、自動販売機で缶ビールを買って歩き飲みをしながら、「こんな生活かなわんな。いい加減にしてくれないかな」と思ったことをよく覚えている。

私と妻は、波長は合うのだが、考え方にはずいぶんと違うところが多かった。私は人の面倒を見るのが好きで、上司であれ部下であれ、トラブルを抱えている人がいれば、わざわざこちらから首を突っ込んで解決の手助けをしたくなってしまう。周囲の人の面倒をよく見ることは、仕事にもいい影響を与えるものである。

しかし妻にしてみれば、仕事、仕事と忙しがって、家族と向き合う時間などないと言っているくせに、なぜ外の人の世話をするのか、外の人の面倒ばかり見るのかということになる。

うつ病になってから妻が繰り返し訴えていたのは、いまになって考えてみれば、こうしたお互いの考え方の相違だったのかもしれない。私は、彼女が話すのを聴いてはいたが、根っこのところでは、「そんなこと、お前にはどうでもいいことだろう」と思っていた。上司や部下のトラブルなど、しょせん妻には関係ないことだと思っていたのである。

私が変わることができたから、妻が変わった

妻が三回目の自殺未遂をしたのは、二〇〇一年の十月、私がちょうど役員になった時だ

った。振り返ってみれば、妻は、私が忙しい時期を狙い澄ましたかのように自殺未遂を繰り返している。

そして、三回目は、それまでのためらい傷のレベルとはまったく違った。ざくりと、深くやってしまったのである。出勤前の美穂子が、倒れている妻に気づかなければ、彼女はおそらく自宅で亡くなっていただろう。

美穂子から連絡を受け、会社から信濃町にある慶應病院に駆けつけた私は、「とうとう来るものが来たんだ。この人はもう死ぬんだ」という気持ちだった。

何度も何度も「死にたい」と言われ、精神科にも連れていき、薬も飲ませ、毎晩長い話を聞きながら心のケアをしてきたつもりだった。精一杯世話をしてきたのに、それでも死にたいと言うのなら、もうしかたないじゃないか。

病院の待合室の椅子に腰かけて、手術が終わるのを待っていると、「なんでこんな人生になってしまったのだろう」という思いがふつふつと湧き上がってきて、とても惨めな気持ちだった。

当時の私は、周囲の人の多くから高い評価を得ていた。事実、同期トップで役員にもなっていたし、同期トップで役員になったら相当のところまでいくといわれていた。当時の私は、そういうポジションにいたのである。

なのに、手首を深く切った妻の手術結果を、病院の待合室で待っている。どうしてこんな人生になってしまったのか。いったい、私の何が悪かったというのか。

妻は、七時間にも及ぶ大手術によって奇跡的に一命を取りとめた。

そして、生還した妻の第一声を聞いた瞬間、私は妙な感覚に襲われたのである。ストレッチャーに乗せられて手術室から出てきた妻は、私に気づくとこう言った。

「お父さん、ごめんな。迷惑ばかりかけて」

この言葉を聞いて、私はこれまでの自分が考えてきたことは、何かが間違っているのだと思った。

「そうか、辛いのはオレじゃなかったんだ。この人のほうなんだ……」

いまになって思えば、私は妻の病状が一向に回復しないにもかかわらず、閑職《かんしょく》に回してほしいという希望を会社に出したことは一度もなかった。いや、むしろ病気の家族を抱えながらも、出世街道をひた走り続ける自分に酔っていたと言ってもいい。

しかし、私は悲劇のヒーローなどではなかった。もしも私が、妻の看病のために転属願いを出し、先手を打って妻との時間を確保していれば、こんなことにはならなかったのかもしれないのだ。

そして、いかにも皮肉なことだが、妻の三度目の自殺未遂の後に、私は東レの系列企業である東レ経営研究所社長の辞令を受け取った。二〇〇三年のことである。

東レ経営研究所は、東レの子会社の中でも比較的のんびりとした会社である。正直に言って、東レ経営研究所の社長になって、私はすっかり力が抜けてしまった。なにしろそれまでは、「東レの社長になる」ぐらいの勢いでいたのである。それが、子会社の社長として、東レ本社の外にポンと出されてしまったのだ。

「私の人生は、終わったんだ」

それが、当時の偽りのない気持ちだった。

ところが、私が人生は終わったと思い、肩の力が完全に抜けてしまった頃から、妻の病状はぐんぐんと回復してきたのである。

おそらく彼女の中にも、三度目の自殺未遂をやって、

「とんでもないことをしてしまった」

という思いがあったのではないだろうか。生死の境をさまよってみて、初めて死ぬのは怖いと実感したのではないだろうか。

私は私で、出世レースをしていると思っていたのに、いきなり左遷されてしまった。私も妻も行くところまで行って、そして、お互い何かに気づいたのかもしれない。

私に自覚はなかったのだが、娘の美穂子はある雑誌のインタビューに答えるなかで、妻の三度目の自殺未遂の後に私は変わったと指摘している。

「母の三度目の自殺未遂以降、父は家族と本気で向き合うようになりました。私たちと同じ目線でコミュニケーションをするようになったというのでしょうか。たしかにあのときに父は変わったんです」(『AERA』二〇一一年九月一二日号)

同じ雑誌のインタビューのなかで、妻の浩子はこう語っている。

「夫が本を書くとき、私も昔の手紙を読み返したりして、人生の棚卸しをしたのです。そうしたら、夫がただの一度も私の病気について責めたことがないのに気づいたのです。夫は瞬間湯沸かし器ですが(笑)、幼い頃から淡々と運命を受け入れてきた人。だから、どんなことでも受け入れどんな人でも許す。それに気づいたとき、長男を産んだことも私の病気のこともすべてよかったんだ、自分の人生なんだから、すべて受け入れればいいんだと思えた。初めて自分を許せたのです」

不本意な人生を送ってきた妻が、諦観《ていかん》というのか、悟りというのか、そんなものを手に入れたことが三度目の自殺未遂以降、私にも伝わってきたのは事実だ。そして、彼女の変化には、おそらく美穂子が指摘しているように私の変化が大きく影響しているのだろう。

私が変わったから、妻は回復したのだ。

では、私はいったいどう変わったというのだろうか。

妻の浩子は、もしも健康だったら私を完璧にサポートする主婦だったはずである。元気な頃、家の中は常にピカピカに磨き上げられていたし、掃除も洗濯も大好き、料理も上手で、肝炎を発症する前は私の帰りがどんなに遅くなっても、食事に手をつけずに待っていてくれたものである。

しかし、病気のせいで一切の家事ができなくなってしまった。それが口惜しかったこともあるだろうが、おそらく彼女にとって一番辛かったのは、本当なら自分がやるべきこと、しかも自分が最も得意なことを、夫がやっていることではなかっただろうか。それも、あたかも悲劇のヒーローのような顔をして。あるいは、家族のリーダーとしての当然の責務であるような顔をして。

私には、たしかに「してやっている」という気持ちがどこかにあった。もっと言えば、「家族のことはみんなオレがやっているんだ。見たか、お前ら」というような、相当に傲《ごう》慢《まん》な気持ちもあった。しかし、妻はギリギリの選択をすることによって、私に訴えたのだと思う。自分を苦しめているのは、そういうあなたの気持ちなのだと。

私は、自分こそ家族のリーダーなのだと思って生きていた。自分がやらなければいったい誰がやるのかと。しかし、家族とは本来対等な存在なのだ。そして、家族の誰かが苦しんでいたら、サポートをするのが当たり前のことなのだ。決して、してやったり、面倒を見てあげるのではないのだ。肩を寄せ合って生きている家族の一員が苦しんでいたら、手を差し伸べるのは当たり前のことなのだ。

慶應病院の手術室から出てきた浩子の言葉を聞いたとき、それまでの自分は何かが違う、間違っていると思った。それはおそらく、「してやっている」という自分自身の気持ちに対する違和感だったのだ。

東レ経営研究所に移って、私は肩の力が抜けた。妻も、行き着くところまで行って、肩の力が抜けた。お互いに肩の力が抜け切ったところで、私と妻は、結婚以来初めて歩み寄ることができた気がする。

人間は変われるのだ――。

私と妻は壮絶な人生を送ってきたけれど、おそらくいまが一番幸せである。

第11章

「人には言えない」社会でいいのか？

現実とかけ離れた「健常者中心の社会」

もっと深みのある、誰もが幸せな社会をつくりたい。そのために、私は何ができるだろうか。これが、目下の私の大きなテーマである。

現代の日本社会は、健全な人、いわゆる健常者だけで構成されているという前提で、生活の基準が設定されている社会だと私は思う。身体的にも経済的にも自立をするのが当たり前。そして、あたかも自立した人だけで世の中は構成されているかのように見える。

もちろん、自立すること、自立しようとすることは大切なことだ。人様に迷惑をかけずに生きようと努力することは、いい心がけだと思う。しかし、次の数字を見たら、それが現実の一面しかみていないことに気づかされるだろう。

自閉症・アスペルガー障害百二十万人、身体障害者三百五十万人、精神疾患三百二十万人、ダウン症十万人、アルコール依存症二百三十万人、不登校・ひきこもり百二十万人、認知症二百万人、シングルマザー五十万人……。

単純に足し合わせれば、これだけで千四百万人。そのご家族も含めればゆうに三千万人を超える人々が、身体障害や精神疾患に苦しみ、あるいはそうした家族のケアのために精神的、経済的に大きな負担を強いられて生きているのが現実なのだ。

また、現在の日本は、先進国の中で最も自殺の多い国という不名誉な地位を占めている。平成十年に三万人台に跳ね上がった自殺者数は、現在に至るまでほとんど横ばいに推移しており、一度も三万人を下回っていない。ほとんど内戦が続いているような状態だが、自殺者の多くがうつ病などの精神疾患を持っていることがわかっている。

うつ病は「心が風邪を引く」などと言われるように、誰もがかかりうる病気だ。わが国には顕在化しているだけで百七十万人のうつ病患者がいると言われているが、うつ病であることを自覚していない、あるいは自覚していても医療機関にかかっていない潜在的な患者は、その三倍にものぼると推定されている。自殺者の多くがうつ病患者であることを考えると、五百万人近い自殺予備軍が存在すると言っても過言ではないのである。そして、いまは健康な人でも、いつうつ病にかかるかわからない。この世は兎角に住みにくいのだ。

うつ病などの精神疾患の場合、周囲にいる信用のおける第三者が手をさし延べたりアドバイスをしないと、本人が自ら進んで医療機関にかかることは少ない。特に、本人に病識がないケースが多い統合失調症の場合は、周囲の対応が決定的に病状を左右してしまう。

以前私は、内閣府が設置する「官民が協働して自殺対策を一層推進するための特命チーム」の構成員に、作家の乙武洋匡さん、長崎県長崎こども・女性・障害者支援センター長の大塚俊弘さんとともに任命されたが、最初の会合で政府委員の方から「自殺が減らない原因は何だと思うか」と質問を受けた。

私の答えは単純明快、

「人に言えないから」

である。

おそらく自殺者の多くは、自分の病気や自分が置かれた苦しい状況、あるいは自分の家族が抱えている問題などについて、率直に打ち明けられる相手がいないのだ。あるいは、悩みを人に話すことをためらってしまう。そして、悩みを抱えたまま、ひとり苦悩して命を絶ってしまうのだ。なんと寂しい、悲しいことだろうか。

この、「人に言えない」という状況が、いかにこの国に日常的にあるかを思い知ったのは、私の家族の事情が雑誌に掲載されてからである。

友人の紹介で、週刊誌『AERA』の記者が尋ねて来られて私のセルフ・ヒストリーをインタビューし、その記事が掲載されたのが二〇〇四年の一二月二二日号である。

うつ病の妻と自閉症の長男を抱えている私は、ともかく仕事をスピーディーに処理して早く家に帰らなければならなかった。そんな私に『AERA』の記者は、サラリーマンならぬ「カエリーマン」というユーモラスなあだ名をつけて紹介してくれたのである。

自分の家族の病気やそれに伴う「家庭の事情」を全国誌で公表するのは、勇気のいることである。人に知られることによって何かマイナスな事態が降りかかってくるのではないかと考えて、隠しておきたがる人も多いと思う。

私の場合は、会社の同僚を含めて、周囲の人に知っておいてもらわないととっさの時に連絡を受けられず、大事に至ってしまう危険性があったので公表しておく必要があった。

だから、雑誌の取材もためらわずに受けたのだが、『AERA』に私の記事が掲載されたときの反響は、いま思い出しても驚きだった。

「実は、私の子供はダウン症なんです」「うちの子供は不登校で」「娘がうつ病で悩んでいます」などなど、意外な人から意外なことを次々に打ち明けられて、世の中、家族のことで悩んでいる人がこれほど多いのかと、本当にびっくりしたものである。

なぜ、これだけ多くの人が悩みを抱えていながら、カミング・アウトせずにひとりで悩みを抱え続けるのか。そして最悪の場合、自ら命を絶ってしまうのか。その根本にある原因は、先ほども述べた通り、日本社会は健常者だけで構成されているという建前で生活の基準が設定されていることにあると思う。それはあまりにも現実とかけ離れていることであり、悩みを抱えた人の打ち明け話を聞くうちに、いつしか私はこうした健常者中心の社会を変えていくことが、私の使命ではないかと考えるようになった。

うつ病に苦しんだ妻、そして自閉症であることによっていじめにあい、辛い思いをたくさん重ねてきた長男の俊介。私の家族が受けてきた「苦難」が、私にこの大きな使命を与えてくれたように思う。

多様性を大切にする方法

そして私は、「こころの健康政策構想会議」という団体と出会うことによって、この志をひとつの形にする機会を得たのである。

「こころの健康政策構想会議」とは、精神医療にかかわる専門家と精神疾患の患者を持つ家族が中心となって設立した団体であり、日本の医療政策の抜本的な改革を目的としている。私はこの団体の設立趣旨に賛同して、協力者のひとりとして活動に参加している。

ご存じの方は少ないと思うが、わが国の精神医療の世界は、先進国の中で非常に立ち後れた状態にある。精神疾患に対する偏見が根強いことは前に指摘したとおりだが、精神医療に関する法律も、医療体制もとても貧弱なのだ。

たとえば、精神科の医師の数は他の診療科の三分の一でいいという、「精神科特例」が存在したために（二〇〇一年の改正医療法によって廃止）、精神科ではいまだに医師不足が続いており、いわゆる三分間診療が普通だ。たった三分間で、心の悩みを充分に医師に説明することなど不可能に決まっている。

また、民間病院に頼り、重症化してから入院治療を行うというスタイルも日本の精神科に特有のものだ。病院側は、「とにかく患者を病院に連れてきて下さい。そうでなくては治療ができません」と言うのだが、そもそも病識のない患者や、病気を隠しておきたい患者を病院に連れて行くのは至難の業であり、家族だけの力では難しい場合が多い。そうこうするうちに家族が疲れ切ってしまい、成り行き任せにしているうちに重症化して、ようやく医療機関にかかるというパターンがたいへんに多いのである。

医師や医療スタッフに直接家を訪ねてもらいたいというニーズは、精神疾患の患者を抱える家族の間で以前から根強くある。こうした「届くサービス（アウトリーチ）」は先進国ではごく当たり前のことなのに、日本ではほとんど行われていないのが実情なのである。

いま、WHOでは疾病《しっぺい》の政策的重要度の指標として、DALY（disability-adjusted life years）という指標を使っている。これは、「病気によって失われる命」と「障害によって損なわれる健康生活」を足し合わせた数値であり、この数値が大きければ大きいほど政策的な重要度が高いということになる。

実を言えば、先進国（OECD）ではDALYのトップが精神疾患であり、それゆえにイギリスでは、がんと循環器疾患と精神疾患を三大疾病と位置づけて国家的な取り組みをしているのだが、日本の現状は大変に遅れたものでしかない。「こころの健康政策構想会議」の活動は、まさに日本の精神医療の遅れを取り戻そうというものなのである。

こうした活動を通して私が実現したいと願っているのは、「もっと深みのある幸せな社会」である。健常者だけで構成されていることを前提にした社会ではなく、どんな人でもハンディや悩みを抱えながら生きていることを前提にした社会である。実際に身体障害や精神疾患を抱えている人は多いのだが、一見、健常者に見える人でも精神的に弱いところがあったり、コンプレックスを抱えて生きていたりするものだ。

そうした弱さや悩みを隠さずに表に出すことができ、しかもお互いの悩みや弱さを理解し合うことができれば、本当の意味で助け合い、補い合うことができるようになるのではないだろうか。私の言う、「もっと深みのある幸せな社会」のイメージは、そうした社会である。

これは別の言い方をすれば、ダイバーシティ（多様性）を大切にする社会でもある。健常者だけが存在できる社会ではなく、障害を持った人も病気を抱えた人も、男性も女性も、子供も老人も、日本人も外国人も、さまざまな人が助け合いながら暮らせる社会である。

なぜ私が、ダイバーシティを大切だと思うかと言えば、ダイバーシティのある社会のほうが、強いからだ。企業も同じことだが、似たような人だけで出来上がっている組織は危機に見舞われたときに弱い。均質な組織は、意志の統一を図るのは簡単だが、倒れる時はいっぺんに倒れてしまう。反対に、ダイバーシティのある組織は、意志を統一するのは難しいかもしれないが、みんながいっぺんに倒れてしまうことがないのである。

つまり、「もっと深みのある幸せな社会」とは多様性に満ちた、壊れにくい、したたかさを備えた社会のことである。現在の日本のように、一年間に三万人も自殺者を出すような社会は、そうした社会の対極にあるのではないかと私は考えている。

「家庭問題」をオープンに

ダイバーシティと言えば、すぐさま女性の登用ということを思い浮かべる人も多いと思う。正直なところ、日本のビジネス社会で真に女性が活躍できる時代はなかなかこないと私は常々思っている。

私は自閉症の長男のために学校行事や地域の団体に顔を出す機会が多かったが、そういう場所に顔を出すのは、ほとんどが母親＝女性である。なぜかといえば、父親は会社の仕事で忙しく、子供のこと、家庭のことにかかわっている時間がないからだ。

では、なぜ会社が忙しいのかといえば、それは日本の会社のカルチャーに、夜遅くまで仕事をしていなくてはならない雰囲気、せざるを得ない雰囲気があるからだ。いくら仕事を効率的にこなしても、周囲の人より早く帰るのは後ろめたい感じがする。そういうカルチャーが、日本企業には濃厚にある。

私は、そういう雰囲気が大嫌いだったし、また家族の事情でなるべく早く家に帰らなくてはならないということもあって、徹底的に仕事を効率化して夕方六時には会社を出るようにしていた。まさに、「カエリーマン」である。

私の先輩のひとりに、「家庭のことは会社に持ち込むな」と言った人がいるが、家族が問題を抱えている場合、そんなことは到底無理である。重度の認知症の親がいる場合、行方不明になったらすぐに帰宅しなければならないだろう。問題を抱えた家族がいなくても、子供が四十度の熱を出したら、すぐさま病院に連れていかなければ危険である。要するに、「家庭のことは会社に持ち込むな」などと言える人は、家庭のことをすべて奥さんに押しつけているだけのことである。

これから少子高齢化社会が進行していくと、女性の活躍に期待しなければならないといわゆる識者が言う。そのためにも育児休暇制度や託児所を充実させなければならないと。あるいは、企業のトップも女性が働きやすい環境を整えなくてはならないと口を揃える。

しかし、いくら制度を変えたり、施設を整備したところで、根本的な解決にはならないと私は思っている。自分の家庭のマネジメントを放棄している男性が、会社の中だけで女性のマネジメントをしようと思っても、土台、無理な話である。

男性社会という均質性の高い社会の主人公である男性が、女性の立場、女性の目線に合わせて家庭や社会を捉え直さない限り、女性の活用など夢のまた夢なのだと私は思う。長時間労働をしているほうが偉いといった職場での仕事観を修正するだけでなく、子供の教育や家事の分担ということについても夫婦の間でじっくりと話し合い、適切な分担を考えていく必要があるはずだ。

もっと言ってしまえば、女性の社会進出ひとつ支援できない日本社会は、身体障害者や精神疾患を抱える人を理解しサポートすることなど到底できない、ひどく歪んだ社会なのではないかと私は感じているのである。

はじめの一歩を誰が歩むのか？

では、こういう社会を少しでも変えていくには、どうすればいいのだろう。重要なのは、小さくてもいいから、一人ひとりが勇気を持って初めの一歩を踏み出すことだと思う。

私の部下に、とても勇気のある女性がいた。彼女は産休をとって子供を産んだが、どうしても保育園の空きがなく、子供を預けることができない。産休の期限が近づいてくる。にっちもさっちも行かない状況で彼女の頭に閃いたのが、家のそばの八百屋さんの老夫婦のことだった。とても人がよさそうな夫婦である。店は住居と職場が一体化しているから、ひょっとしたら仕事をしながら子供の面倒を見てくれはしないだろうか……。

切羽《せっぱ》詰まった彼女は、子供を連れて店舗の前に立った。

「すみません、しばらく子供を預かってもらえないでしょうか」

「……ああ、いいよ」

世の中を変える勇気とは、こういうことを言うのではないだろうか。自立して生きるのは大切なことである。しかし、人に頼るべきときは頼っていいのだ。みんなが思い切って人に頼る勇気を持てば、日本社会はもっともっと深みのある社会になっていくだろう。

私が背負った荷物は、たしかに他の人たちに比べれば少し重かったかもしれない。しかし、世の中には身体障害、うつ病、認知症、拒食症、ダウン症、がん、シングルマザー、シングルファザーなど、さまざまな不幸を背負った人が大勢いる。

ある牧師さんの言葉が、忘れられない。

「知的障害者は、どの国にも二パーセントくらいの割合でいます。それは周囲の人たちにやさしさと思いやりを教えるための〝神さまからの贈りもの〟なのです。彼らはすごい力を持っています。でも自分ひとりではなかなかその力を発揮できません。周りの人、特に親が〝障害を持つこの子は不幸な子〟として隠してしまったら、その能力を発揮する機会もないまま不幸な一生になります。でも力を信じてちょっとサポートするだけで、素晴らしい力を使いながら生き生きした暮らし方ができます」

長男の俊介は知的障害者とは言えないが、自閉症者で社会的障害者である。牧師さんが言うような知的障害者だけでなく、この世の中にはさまざまなハンディを持った人がたくさんいる。その人たちが神さまからの贈りものであるかどうかはともかく、その存在を前提にして社会がつくりあげられなくてはならないだろう。

私には、「人生、何もないより、不幸なことでさえ何かあったほうが面白い」という開き直りに似た気持ちもある。しかし、私がなんとか生きてくることができたのは、家族、友人、同僚など私の周囲にいる人たちとの間に強い連帯感があり、お互いに愛情を発信し合ってきたからだ。

私には、他人に対しても家族と同じくらいの愛情を感じる面がある。そして、私の周囲の人たちも深い愛情で私を支えてきてくれた。私は重い荷物を背負ってはきたけれど、限りなく幸福な人生を歩んできた人間でもあるのだ。

そして、そんな幸せの形も大事にする社会であってほしいと願っている。

エピローグ　幸福は家族が導いてくれるもの

私は六歳の時に父を亡くし、男ばかり四人兄弟の次男として母ひとりに育てられたが、私たち家族は、父が不在というなかで、家族の絆というか団結力は強いものがあった。

社会に出て浩子に出会って結婚した時、家族は健康でなくてはならないという思いが強くあった。それは過去の自分の家族のあり方の裏返しという面もあったかもしれない。

長男が誕生した時、まるまると太った可愛い俊介をみて、我が家族の幸せを確信したものだった。俊介が障害を持っていることに気づかないまま年子の啓介、そして次の年また美穂子が生まれた。大混乱の五人家族ではあったが、それなりに楽しい生活だった。

私の仕事は忙しかったが、たまに早く帰れそうな時は家に電話をする。そうすると幼い三人の子供たちが豊中の駅まで迎えに来ている。

胸の奥までいっぱいの幸福感を感じながら、三人と一緒に家に向かう。二人としか手をつなげないので代わる代わる手を廻すことになる。

浩子が急性肝炎で入院した時、子供たちは小さくそれなりに大変だったが、私は若くもあったし家事は小さい頃からしていたので、それほど苦痛ではなかった。

大変だったのは九七年以降の約七年間、浩子がうつ病を併発した時だった。

会社では経営企画室長というポストにあり、いつも浩子に何か起きるのではないかという緊張した時期であった。

そういうことも乗り越え、平穏な生活を取り戻した今、家族の存在、あり方についていろいろ感ずることが多い。

妙な言い方だが、結果として家族に障害と病気のメンバーを抱えていたことが、健康であったら感じなかったかもしれない家族愛を深めたのかもしれない。助け合わなければ乗り切れないという緊張感があった。また、家族であるがゆえの責任意識も出てきた。

自らの人生を振り返った時に、いつも思いだすのは「運命を引き受けよう」と言って微笑む母の姿である。

二十六歳で未亡人になって、男四人兄弟を育てるために働きづめに働いた母である。しかし、母は愚痴を言うことなく、どんな時でもニコニコ笑っていた。

母は、いつも私の心の中にいた。そして、こう語りかけてくれた。


運命を引き受けて、その中でがんばろうね。

がんばっても結果が出ないかもしれない。

だけど、がんばらなければ何も生まれないじゃないの。


思えば、私は、この言葉に支えられてここまで生きてくることができた。自分の人生を生き抜くことができたのだ。

私たちは、誰しも運命を背負っている。

親や兄弟を選ぶことはできないし、能力や容姿も天から授かるものだ。どの時代を生きるかを選ぶこともできない。これらはすべて、所与の条件として私たちに与えられるものだ。それらを引き受けて、生きていくほかない。

「出会い」もそうだ。

この世には、数多くの人々が生きている。そのなかで、誰と出会うのかを、私たちは必ずしもコントロールできるわけではない。すべての出会いの背景には、無数の偶然の積み重ねがある。何者かに導かれるようにして、私たちは出会いを繰り返しているのだ。誰と友人となり、誰と結婚するのか。これも、運命というほかない。

そして、運命は必ず幸と不幸を私たちにもたらす。しかも、幸と不幸がどのようなめぐり合わせで訪れるのか、誰にもわからない。時には、試練ばかり訪れる時期もあるだろう。

しかし、そんな時にも、「これが、自分の運命なのだ」と、踏ん張って引き受ける覚悟が大切ではないだろうか。なぜなら、その運命から逃げても、そこには新たな運命が待ち受けている。そして、再び試練が訪れるだろう。私たちは、逃げ続けることはできないのだ。

そんな根本的な生き方を、私は母に植えつけてもらっていたのだ。

もしかすると、私たちは家族という〝場〟で、代々、こうした生き方を受け継いできたのかもしれない。

改めて、家族の尊さを思わされる。

家族へ――共に生きていこう

俊介へ

君は壁に当たりながらも実にマイペースに人生を送ってきたけれど、「僕も働きたい」と言っていろいろ挑戦を始めたね。私はお母さんのサポートのほうが忙しかったので、君のことには少し手を抜いてきたけれど、今度は君のことをもう少し考え行動しなくてはならないと思っているよ。確かに君は自閉症ではあるが、ある面では抜きんでた能力を持っている。きっと君にふさわしい仕事や生き方があるだろうから、これから一緒にそれを探していこう。まだ先は長いのだ。

啓介へ

高校三年から十年以上家族と離れて暮らしていた君が、家に戻ってから私の実に強力なサポーターとなってくれ、我が家の苦境を支えてきてくれたことに感謝している。

私は俊介とお母さんとそして仕事のことで忙しかったこと、それに君はいつも家から離れて暮らしていたので、父親として当然君に語らねばならなかったことが欠けていたと思う。しかし、君には持って生まれた優しさと賢明さがあると私は信じている。その愛情と能力で、力強く生きていってほしい。

美穂子へ

君は長い間この佐々木家を物理的にも精神的にも支えてきた信頼できる私の人生の戦友だった。このことについて私は誰よりも君に感謝しているし、誇りに思っている。

この頃、君の大変魅力的な友人たちと一緒に、食事をしたり遊んだりする機会が多くなったが、活発で思慮深い君の友人たちを見ていると、君が素敵な女性の仲間入りをしたことがよくわかる。長い間ご苦労様。これからは自分のことを中心に、楽しく歩んでください。

浩子へ

今のあなたの元気な姿を見ていると、心の底から喜びが湧きあがってきます。本を書くようになって、過去のことを書き出しているうちに、あなたがどれほど苦しみ悩んでいたかということが、また子供たちが親のことを、私たちが子供たちのことをどう感じ行動していたかがよくわかりはじめ、家族が今までよりずっと深くよく理解し合えるようになりました。

これだけお互いに性格の違う二人ですが、これからは少し距離を縮めてつきあっていけそうですね。子供たちも大人になり、これからは少しゆったりした気持ちで歩きはじめてみませんか。そんなことを言いながら、少しもゆったりしないのが私の欠点ですが……。

お母さんへ

とても波乱万丈な人生でしたが、いま天国で幸せにしていますか？　お母さんのことですから、どこに行っても明るく前向きに過ごしていることでしょう。

私も多くの先生や先輩の教えを聞き、偉大な人物の書籍を読み、社会でそれなりの経験をしてきたことで少しは成長してきました。

でも、この年になって思うのですが、私の人生の指針や仕事をする上での考え方などは、子どものころお母さんが教えてくれた、人として生きるうえでの基本的なことのほうが自分にとって大きな礎だったと感じています。父の代わりに朝から晩まで苦労して働きながら、いつもニコニコ笑って私たち兄弟に語りかけてくれた言葉、それが私の人生のなによりも大きな支えであったことがいまさらのようにわかります。

あなたが私たちにさまざま語りかけてくれたとき、私たち兄弟はそこに母親としての無償の愛、無条件の愛を感じていました。そして、語りかけてくれた言葉は、人として当たり前のことであまり難しいことではありませんでした。

最近はなにやら世の中が少し複雑になって、人とのコミュニケーションをするにもいろいろあるようですが、もっと単純なことなのかもしれません。

ご心配をおかけしましたが、私の家族もなんとか普通の家族になりました。天国でやきもきしていたでしょう。ご安心ください。

それと、私は今ごろになってもう少し世の中のために力になりたいと思うようになりました。そちらに行くにはまだ時間があるようですから。

佐々木常夫 Tsuneo Sasaki

秋田市生まれ。

69年、東京大学経済学部卒業後、東レ株式会社に入社家庭では自閉症の長男と肝臓病とうつ病を患う妻を抱えながら会社の仕事でも大きな成果を出し、01年、東レの取締役、03年に東レ経営研究所社長に就任。

内閣府の男女共同参画会議議員、大阪大学客員教授などの公職も歴任。「ワーク・ライフ・バランス」のシンボル的存在である。

著書に『部下を定時に帰す仕事術』『そうか、君は課長になったのか』『働く君に贈る25の言葉』『リーダーという生き方』（以上小社刊）、『ビジネスマンに贈る生きる「論語」』（文藝春秋刊）、『それでもなお生きる』（河出書房新社刊）、「実践・７つの習慣」（ＰＨＰ研究所刊）などがある。

2011年ビジネス書最優秀著者賞を受賞

＊この作品は、２０１２年１月27日に小社より発行された
『完全版 ビッグツリー 自閉症の子、うつ病の妻を守りぬいて』を
改訂・改稿したものです。

［装丁］奥定泰之　［編集協力］山田清機、山崎潤子
［帯写真］五十嵐秀章　［ＤＴＰ］NOAH

ポケット・シリーズ

ビジネスマンが家族を守るとき

2016年1月12日　第1版第1刷発行

著　者　佐々木常夫

発行者　玉越直人

発行所　WAVE出版
〒102-0074 東京都千代田区九段南 4-7-15
TEL 03-3261-3713　FAX 03-3261-3823
振替 00100-7-366376
E-mail : info@wave-publishers.co.jp
http://www.wave-publishers.co.jp

印刷・製本　中央精版印刷

NDC916 207p 18cm　ISBN978-4-87290-790-2